LETTRE AUX PARENTS

DU MÈME AUTEUR

Aux éditions des Belles Lettres

THUCYDIDE, édition et traduction, en collaboration avec L. Bodin et R. Weil, 5 vol., C.U.F., 1953-1972.

THUCYDIDE ET L'IMPÉRIALISME ATHÉNIEN – La pensée de l'historien et la genèse de l'œuvre (1947 ; 1961 ; épuisé en français).

HISTOIRE ET RAISON CHEZ THUCYDIDE, 1956, 2e éd. 1967.

LA CRAINTE ET L'ANGOISSE DANS LE THÉÂTRE D'ESCHYLE, 1958, 2e éd. 1971.

L'ÉVOLUTION DU PATHÉTIQUE, D'ESCHYLE À EURIPIDE (P.U.F., 1961), 2e éd. 1980.

LA LOI DANS LA PENSÉE GRECQUE, DES ORIGINES À ARISTOTE, 1971.

LA DOUCEUR DANS LA PENSÉE GRECQUE, 1979.

« PATIENCE, MON CŒUR ! » – L'essor de la psychologie dans la littérature grecque classique, 1984 (2e éd. 1991).

Aux Presses Universitaires de France

LA TRAGÉDIE GRECQUE, 1970, 2e éd., « Quadrige », 1982.

PRÉCIS DE LITTÉRATURE GRECQUE, 1980.

HOMÈRE (coll. Que sais-je ?), 1985,

LA MODERNITÉ D'EURIPIDE (coll. Écrivains), 1986.

Aux éditions Vrin

LE TEMPS DANS LA TRAGÉDIE GRECQUE, 1971 (traduction du texte paru en 1968 à Cornell University Press).

Aux éditions Julliard

SUR LES CHEMINS DE SAINTE-VICTOIRE, 1987.

LA CONSTRUCTION DE LA VÉRITÉ CHEZ THUCYDIDE (coll. Conférences, Essais et leçons du Collège de France), 1990.

Aux éditions de Fallois

LES GRANDS SOPHISTES DANS L'ATHÈNES DE PÉRICLÈS, 1988.

LA GRÈCE À LA DÉCOUVERTE DE LA LIBERTÉ, 1989.

DISCOURS DE RÉCEPTION À L'ACADÉMIE FRANÇAISE ET RÉPONSE DE M. ALAIN PEYREFITTE, 1989.

OUVERTURE À CŒUR, roman, 1990.

ÉCRITS SUR L'ENSEIGNEMENT. *Nous autres professeurs* (1969), *L'Enseignement en détresse* (1984), 1991.

POURQUOI LA GRÈCE ?, 1992.

LES ŒUFS DE PÂQUES, nouvelles, 1993.

JACQUELINE DE ROMILLY

de l'Académie française

LETTRE AUX PARENTS

sur les choix scolaires

Éditions de Fallois

PARIS

22, rue La Boétie, 75008 Paris

ISBN 2-87706-195-7

INTRODUCTION

Je m'adresse aujourd'hui, de façon directe et pressante, à tous les parents dont les enfants vont entrer cette année en quatrième ou en troisième, et surtout en seconde ou en première. Ils ont, en effet, des choix à faire, qui sont nouveaux et décisifs ; et je crains qu'ils n'en mesurent pas toujours ni la nouveauté ni l'importance.

Disons-le en un mot : ils ont, pour le baccalauréat général, à choisir entre les lettres, les sciences et l'économie. Mais les conditions du choix viennent de changer. Des efforts ont déjà été faits en vue d'une nouvelle répartition des carrières au sortir du baccalauréat (on a parlé d'ouverture vers la médecine et entamé une action pour les carrières commerciales) ; il apparaît en général que l'on cesserait de privilégier le baccalauréat scientifique pour tenir beaucoup plus grand compte des mentions. Les parents se trouvent donc devant une nouvelle carte qui se dessine pour l'avenir de leurs enfants ;

et les choix de l'an prochain ne sauraient plus se conformer sans réflexion à ceux de l'an passé. De même, l'existence d'une première réforme, il y a presque deux ans, a entraîné diverses retouches très nécessaires ; le résultat a été d'introduire, dans les diverses sortes de baccalauréat, toute une série d'options facultatives : ainsi la formation de tous ces jeunes se trouve renvoyée à leur décision et à celle de leurs parents. Or, c'est là une liberté nouvelle, qui s'accompagne d'une responsabilité également nouvelle.

Cette responsabilité est d'autant plus grande que, de toute évidence, ces possibilités, si elles ne sont pas saisies immédiatement, s'évanouiront dès l'an prochain. Il s'agit d'une offre. Chacun sait que des concours spéciaux disparaissent s'il ne s'y présente pas assez de candidats : de même, les options ne sont plus fournies par les établissements, dès lors qu'elles sont trop peu demandées. Le choix est possible cette année : il ne le sera plus dans la suite, si l'on tarde à en profiter ; et la crise, un moment enrayée, tournera à la catastrophe. À ce moment-là, vous, parents, vous aurez définitivement privé votre enfant d'une formation très désirable, et vous aurez du même coup contribué à la refuser aux autres, pour toujours. Il s'agit en effet d'une occasion qui est, comme on dit dans le commerce, « à saisir de suite ».

C'est pourquoi, tout en m'adressant plus particulièrement à vous, qui avez un fils ou une fille en âge de faire ces choix, je souhaite aussi être entendue de tous ceux qui peuvent influencer ces choix : les élèves eux-mêmes, bien entendu ; mais aussi la famille au sens large, grands-parents, oncles et tantes, amis de tout âge, et encore les professeurs et les membres de l'administration. L'affaire est assez importante pour mobiliser tout le monde et empêcher que le cadeau offert aujourd'hui se trouve à jamais refusé.

Pour comprendre le sens de ce cadeau, il faut mesurer la gravité de la crise à laquelle j'ai fait allusion.

Je ne visais pas, en en parlant, la crise de l'enseignement en général. Celle-ci ne cesse d'être dénoncée et, depuis dix ou quinze ans, les cris d'alarme se sont multipliés. Des livres ont paru, sous des titres parfois éloquents ; ainsi : *Pour sauver l'Université* (L. Schwartz, 1983), *Le Massacre des innocents* (M. Jumilhac, 1984), *Savez-vous qu'ils détruisent l'Université ?* (M. Maschino, 1984), *La France illettrée* (J.-P. Vélis, 1987), *La Décennie des mal-appris* (F. Bayrou, 1990), *Pourquoi ont-ils tué Jules Ferry ?* (P. Némo, 1991) suivi de *Le Chaos pédagogique,* du même (1993) — cela sans parler de mon *Enseignement en détresse* (1985) [1]. Et je ne

1. Voir aussi, pour l'Amérique, le titre choisi par Allan Bloom : en anglais, *The Closing of the American Mind* et, en français, *L'Âme désarmée, essai sur le déclin de la culture générale* (1987).

mentionne ici que des livres aux titres suggestifs : certains, au titre apparemment innocent, vont au moins aussi loin dans le même sens, comme l'ouvrage de J.-C. Milner, *De l'école* (1984). Ces livres décrivent la crise en des termes différents et proposent des remèdes également différents : il n'en sera pas question ici. Je n'écris pas un nouveau livre sur l'enseignement et ne cherche ici à suggérer aucune réforme. Plus simplement je voudrais que la situation actuelle, qui est loin d'être idéale, soit au moins exploitée au mieux et que les choix à faire soient faits en toute connaissance de cause. Car, alors, une certaine crise, sans doute la plus urgente, cesserait de peser comme elle le fait.

Cette crise, sur laquelle presque tous sont d'accord, concerne les lettres : la langue française, la littérature française, et la littérature tout court, ainsi que les études anciennes, qui en ont toujours été une part essentielle, et dont l'utilité est aujourd'hui si sottement méconnue. Depuis quelques années, les lettres, en France, vont à leur perte, à vive allure.

Cette dégradation se voit dans les faits. De l'extérieur, déjà, l'on constate que le baccalauréat scientifique est le seul qui soit estimé et que même de futurs littéraires (voire de futurs candidats à l'École Normale Supérieure, lettres), croient bon de passer ce baccalauréat-là — ce qui encombre les classes de médiocres scientifiques, tout en leur faisant perdre, à eux, un ou deux ans de lectures et de formation littéraire. On constate également que les classes de latin ont des effectifs de plus en plus squelettiques et que les classes de grec ont parfois disparu pour des villes entières. Si l'on regarde les classes elles-mêmes, la constatation est la même. La langue française n'est plus maîtrisée et des fautes de grammaire grossières émaillent toutes les copies, de la sixième à l'agrégation. Faut-il s'en étonner quand les élèves arrivant en sixième sont souvent incapables de lire et quand les instructions officielles relatives aux classes de sixième et de cinquième recommandent d'y pratiquer des exercices d'entraînement à la lecture ? Quant à la littérature, elle cède le pas aux dossiers, aux textes d'information, aux reportages. Si même on conseille de ne pas négliger les textes littéraires, on excuse cette suggestion en alléguant qu'ils sont propres à des exercices variés ! J'ai vu un enfant, cette semaine, qui, au sortir de la première, ignorait le nom de Molière. Au reste, il existe sur ce point un accord général. Il y eut bien une tentative unique pour affirmer que le niveau montait (Ch. Baudelot et R. Establet, 1989), et un effort pour établir que, sur une même dictée, le nombre des fautes n'avait pas augmenté : hélas, on s'aperçut vite que, simplement, la façon de compter les fautes avait varié : dans quel sens, on le devine !.. En tout cas les rapports les plus optimistes ont reconnu que, sur un point au moins, la chute était grave, les enfants ne sachant plus (pardon du peu !) s'exprimer de façon claire. Le dernier en date des livres sur l'enseignement fait porter sur le français les plus lourdes de ses condamnations.

Les lettres sont en crise, nul ne peut le nier.

Pourquoi ? Je pense que ce n'est point ici le lieu d'en discuter : il est plus urgent d'y remédier là où on le peut que de se quereller sur des causes, qui sont sans doute complexes et difficiles à doser. Certaines sont liées à la crise économique et au chômage, car on s'imagine à tort qu'il convient de viser en hâte les débouchés, quitte à méconnaître ce qui sera vraiment utile aux jeunes pour leur formation même. D'autres causes sont liées à des soupçons plus ou moins purs : sous prétexte que tout se renouvelle, on ne veut plus du passé ; la littérature est mal vue, et plus encore l'Antiquité, parce que l'on y voit les restes d'une tradition bourgeoise, et quelque chose qui rappelle l'apanage d'une élite. De fait, c'est vrai : un égalitarisme simpliste semble aller mieux avec les chiffres et la technologie qu'avec les lettres et la libre réflexion. Peut-être aussi faut-il parler d'une rage jalouse et niveleuse, liée à une idéologie. La chute des lettres a correspondu à l'instauration de l'école unique et à l'unification du personnel enseignant. Elle a correspondu à l'invention de nouvelles pédagogies préconisant l'éveil aux dépens du savoir. Comment faire leur juste place à tous ces facteurs ? Ils se sont combinés ; et un effet de boule de neige s'en est mêlé. Dès l'instant où ces disciplines n'ont plus été aussi demandées, elles se sont vu imposer les avanies des minoritaires : les horaires tronqués, les options refusées, faute d'argent, ou d'heures, ou de salles — faute, en tout cas, de bonne volonté. Enfin, dès que la maladie s'annonce, naissent les remèdes non contrôlés : les méthodes nouvelles, les essais imprudents, les drogues de tous les charlatans. Dans l'enseignement de la grammaire française, dans le choix des exercices, ces drogues-là ont eu cours. Dans la littérature française, on s'est autorisé de théories à la mode dans des recherches de pointe pour suggérer que les auteurs ne savaient point ce qu'ils disaient, et l'on a habitué les enfants à ne plus chercher le moindre sens, sous prétexte qu'il en existait trop. Les enfants — vos enfants — ont payé le prix de ces essais irresponsables. Ils ont été victimes de ces manœuvres ou de ces maladresses.

Les choses ont pris une telle ampleur que l'on n'a pas pu l'ignorer indéfiniment. Des ministres successifs ont fait des déclarations, disant qu'il fallait remédier au mal et empêcher les enfants de demain — vos enfants — de tomber victimes de ce piège. Trouver ce remède est ce à quoi tendent les possibilités ouvertes il y a quelques mois aux parents. C'est aussi la justification de cette lettre que je leur adresse aujourd'hui.

Elle est rendue nécessaire par la rencontre de risques et d'espoirs exceptionnels.

Déjà l'an passé, nous avions été plusieurs à mesurer ces risques, et nous avions fondé une association vouée à la « Sauvegarde des enseignements littéraires » (français-latin-grec au premier chef, mais aussi, moins directement, langues et littératures étrangères, philosophie, arts) [1]. En moins d'un an, sept mille personnes nous avaient rejoints et étaient devenues membres cotisants. Parmi elles figuraient des écrivains, des mathématiciens, des médecins, des hommes politiques. Nous avons publié des listes, à cet égard, révélatrices (en omettant, pour le principe, les noms des hommes politiques). Nous avons reçu des lettres, par milliers, d'hommes et de femmes qui nous expliquaient, parfois longuement, le bénéfice qu'ils avaient tiré de leur formation classique, dans les professions les plus variées : certaines de ces lettres auraient mérité d'être publiées. Mais, en même temps, nous courions au plus pressé, nous penchant sur les textes des réformes, nous occupant sans relâche de cas particuliers, pour lesquels la mauvaise volonté locale était par trop évidente. Nous avons reçu des doléances de professeurs et de parents, mais aussi des preuves de l'ardeur efficace que montraient cer-

1. Le siège de cette association est 15, rue du Pré-aux-Clercs, 75007, Paris.

taines classes bien dirigées, qui donnaient des résultats inespérés. La démarche que je tente aujourd'hui rentre dans la même série d'actions. Je l'écris seule et en mon nom, mais elle me paraît l'aboutissement normal de notre action.

Nous avions surtout affaire, jusqu'ici, au Ministère et je saisis cette occasion pour exprimer ma reconnaissance pour l'accueil que m'ont réservé, successivement, Jack Lang et François Bayrou. Mais nous avions affaire au Ministère, parce que c'était de lui qu'était venu le mal. Des décisions diverses, depuis vingt-cinq ans, avaient presque toujours été prises dans le même sens ; et la dernière réforme en date, la réforme Jospin, avait porté le coup de grâce aux études anciennes : alors que les bons élèves étaient des scientifiques et que là se recrutait la majorité des latinistes et hellénistes, cette réforme ne laissait subsister, pour ces élèves-là, que la possibilité d'une seule option, facultative — le latin *ou* le grec, en compétition avec tout le reste ! À présent, la situation s'est largement inversée. Jack Lang avait accordé la possibilité de prendre deux options et, moyennant certaines conditions, de poursuivre au lycée la langue ancienne commencée au collège ; il avait aussi recommandé le choix des lettres. L'actuel ministre a accordé la possibilité (au moins théorique) de trois options, avec des avantages certains ; il a commencé à ouvrir des débouchés pour ceux qui choisiraient les lettres ; et il a fait une place plus grande au français, à la langue et à la littérature françaises. La balle est maintenant dans le camp des parents. Les élèves peuvent avec bon espoir choisir la voie L. Même s'ils sont scientifiques, ils peuvent se donner la chance d'une formation classique s'ils le désirent. C'est donc à vous, parents, que je dois m'adresser : tout dépend de vous ; si vous le voulez, l'excellence littéraire peut retrouver la dignité qui était la sienne, et la connaissance de l'Antiquité apporter à vos enfants l'aide intellectuelle et morale dont ils ont si manifestement besoin.

Je sais que vous vous heurterez à des difficultés. Peut-être pas auprès de vos enfants : pour m'en tenir au domaine du grec, qui est le mien, presque tous les enfants que j'ai vus commencer le grec y ont trouvé un vif amusement et ceux qui le quittaient, victimes des règlements, le quittaient presque toujours à regret. Mais vous vous heurterez à des difficultés auprès de beaucoup d'administrations locales, empêtrées, soit par les préjugés, soit par de réelles difficultés financières. Mais vous devez savoir que vous êtes les maîtres. Si vous vous groupez, si vous êtes assez nombreux, si vous insistez, le cours existera. Et même (ô miracle !) il sera à une heure normale. Vous y avez droit. Et j'ai déjà pu mesurer combien les choses s'arrangent vite, quand le vent se met à souffler dans le bon sens.

Simplement, il en est comme pour la navigation

à voile : il faut savoir saisir ce vent, et se laisser porter par lui vers le but que l'on a choisi.

En pratique, la manœuvre à faire pour chacun dépend de bien des circonstances : des moyens dont on dispose, du but que l'on poursuit, de la liberté de choix que l'on a. Je ne conseille certes pas à tous les parents de jeter indistinctement leurs enfants dans la section Lettres, ni de choisir pour eux, aveuglément, toujours, les options de langues anciennes. Je voudrais du moins qu'ils combinent leur manœuvre en connaissance de cause. Et, comme les données peuvent varier d'un enfant à l'autre et d'une classe à l'autre, je traiterai ici essentiellement du principe. Je tenterai de dire ce que l'on perd à négliger, comme on l'a fait depuis vingt-cinq ans, la formation littéraire, avec ces appuis naturels que sont pour elle le latin et le grec, et ce que l'on peut gagner à profiter des nouvelles possibilités ouvertes afin de restaurer l'excellence de cette formation. Ce sont des questions qui m'ont occupée toute ma vie et pour lesquelles j'ai accumulé une longue expérience. J'essaierai pourtant d'être brève, et de m'en tenir à ce qui peut directement éclairer les parents sur les choix qu'ils ont à faire : je reviendrai sur ces choix pour finir.

Il n'est pas facile de remettre l'enseignement d'aplomb, nous le savons tous. Mais sauver, au dernier moment, l'enseignement littéraire français est désormais possible et dépend de vous.

Il me semble que rien, jamais, ne m'a plus tenu à cœur que de vous en convaincre, pour le bien de vos enfants et pour celui de notre pays.

Pour cette raison, je n'ai pas voulu vous présenter mon plaidoyer sans faire intervenir à l'appui quelques témoignages. Je me suis adressée à un petit nombre de personnalités : à de grands scientifiques, à des chefs d'entreprises importantes, à des hommes qui se sont illustrés dans la vie pratique et y ont acquis une expérience indiscutée. Ceux que j'ai sollicités, parfois sans les connaître personnellement, n'ont pas lu le texte de cette lettre et ne peuvent en être tenus pour responsables. Mais leur accord sur les grands principes apporte à mes arguments la confirmation de leur autorité. Je leur en suis profondément reconnaissante. J'espère que vous ne serez pas non plus insensibles à leur voix.

I

LE FRANÇAIS

Les lettres, pour nous Français, commencent par la langue et la littérature françaises. On peut à la rigueur se passer de bien des connaissances, mais non pas de celle-là. Or c'est pourtant ce que l'on tend à faire ! Un ministre n'a-t-il pas dit, il y a quelques années, que l'on pouvait diminuer ces horaires, puisqu'il suffirait que les élèves « entendent parler français dans leurs autres cours » ?

Oui, on apprend une langue en l'entendant parler, c'est vrai. Mais on l'apprend comme ceux qui vous entourent la parlent, tant bien que mal. Et surtout on l'apprend de manière à se débrouiller, par à-peu-près et à l'aveuglette, en devinant et en simplifiant. Ce n'est point là apprendre à s'exprimer clairement et correctement.

Peut-être a-t-on un peu trop suivi des tendances conformes à celles de ce ministre ; car le fait est que les élèves qui sortent de nos lycées parlent mal et écrivent mal.

La nécessité de réagir — comme on le souhaite aujourd'hui — s'impose. Et elle s'impose de façon d'autant plus urgente que, du point de vue des carrières comme du point de vue de la formation de l'esprit, un maniement correct de la langue française est la clef de tout et la littérature française une aide incomparable. Cela semble évident : il faut pourtant, dans la crise actuelle, le redire, et demander aux parents d'y bien réfléchir.

Les carrières et l'art de s'exprimer

Il n'est pratiquement pas d'activité pour laquelle s'exprimer clairement ne soit essentiel. Si l'on veut être embauché, il faut savoir exposer son cas. Si l'on fabrique un produit, il faut savoir le vendre. Si l'on négocie un accord, il faut savoir convaincre. Si l'on entend lutter pour ou contre quelque chose, il faut des arguments clairs, correctement groupés — montrant, par exemple, pourquoi telle autoroute doit être construite ici et non pas là. Et plus l'on veut monter dans l'échelle sociale, plus cela est vrai. La politique est un métier de la parole ; l'administration est souvent dépendante des explications fournies. Le droit, par définition, est lié aux plaidoiries, donc à la parole, et à la parole convaincante. Quant à la médecine, elle suppose ou devrait supposer des échanges précis et adroits avec le patient — donc un art de s'exprimer. Cela est si évident que, déjà au Ve siècle avant J.-C., le maître en l'art de parler qu'était Gorgias raconte qu'il accompagnait son frère médecin dans ses visites, et que, s'il fallait convaincre un malade de se soumettre à tel ou tel traitement, c'était lui, l'incompétent, que le malade écoutait, plus que son frère le médecin.

À vrai dire, je ne suis même pas certaine que la recherche scientifique puisse aller sans que s'explicitent clairement la méthode choisie et ses difficultés, ni que des études de statistique aient un sens avant d'être commentées et interprétées par une analyse faite de mots et d'idées.

Mais laissons ces cas limites : il est certain que presque tous les métiers impliquent l'exposé clair ou le plaidoyer, les raisonnements et les réfutations, la perception des intentions d'autrui, le talent d'omettre ou bien d'insister, bref un art de s'exprimer qui peut être plus ou moins poussé, mais constitue un des facteurs premiers de la réussite.

Et cette réussite sera d'autant plus probable et facile, qu'il ne s'agira pas de formulations sèches et nues, mais que l'intéressé saura toucher des cordes sensibles, se situer dans l'histoire, fournir des références. Il y a, en effet, beaucoup de degrés entre le langage de celui qui demande une chambre pour la nuit et le langage de celui qui plaide un dossier important touchant des millions de personnes.

Cela est si vrai qu'à l'heure actuelle cette exigence de culture littéraire se manifeste chez les chefs d'industrie. Il y a quelques années, M. A. Etchegoyen écrivait un livre où se reflétait cette tendance et où se retrouvaient de nombreux témoignages ; il était intitulé *Le Capital-lettres* (1990). Et, depuis, nous rencontrons chaque jour des indices concordants. Ainsi la grande Université Columbia, aux États-Unis, a cru nécessaire d'ouvrir, pour ses juristes, un séminaire de « rédaction juridique » ; et une autre université, en Pennsylvanie, exige de ses recrues « une bonne écriture et un style soigné ». La réussite sociale est largement fonction, partout, de l'art de s'exprimer. Et il serait temps que la France, si connue naguère pour ce talent-là, se mette à en tirer les conclusions.

Au lieu de cela, que fait-elle, depuis vingt ans ? Elle se rue sur les sciences aux dépens des lettres, et, à l'intérieur des lettres, dans les classes communes, elle fait fi de la grammaire, de l'orthographe, des études de vocabulaire, et du contact si nécessaire avec les plus grands textes littéraires. Elle prépare, obstinément, en plus de ses analphabètes, des êtres à la parole gauche et passe-partout, dressés à mépriser la culture littéraire.

Ceux-là ne sauront évidemment pas atteindre aux réussites que j'évoquais. Mais il y a pire. Ils parleront toute leur vie le semi-argot de leur prime jeunesse. S'ils sont originaires d'un milieu privé d'instruction, ils en garderont la marque à jamais — quitte à se fermer certaines portes et à se priver de certains contacts : l'école, qui pouvait ouvrir à toutes les réussites par la pratique aisée d'une langue correcte, les aura enfermés un peu plus avant dans l'inégalité qu'elle avait pour mission de réparer.

Ainsi, l'égalitarisme, en voulant rejeter les lettres, n'interdit en fait qu'un épanouissement vers le haut dont tous auraient pu profiter, pour laisser subsister les inégalités sociales qui sont à la fois les plus injustes et les plus remédiables.

Mais pourquoi, en fin de compte, la langue, et les tout simples cours de français, font-ils une pareille différence ? C'est que ce bon emploi de la langue commande non seulement la clarté des échanges, mais celle de la pensée.

Les voies d'une pensée claire

Tout compte, dans ce bon emploi de la langue, et rien n'y est arbitraire ou sans objet.

À commencer par l'orthographe.

Il arrive à tout le monde de faire des fautes. Cela m'arrive à moi aussi. Mais l'indulgence en ce domaine a fait se développer le virus au point que la simple communication se trouve empêchée. Je connais des professeurs qui sont obligés de lire tout haut certaines copies de leurs élèves parce que l'on n'y reconnaît même plus les mots, déformés par une orthographe plus ou moins phonétique et souvent mal coupés. Comment peut-on penser que cela ne gênera pas ces jeunes dans le métier, quel qu'il soit, qu'ils exerceront ? Et certains, qui plus est, seront professeurs de lettres !.. Dans un IUT, sur lequel un professeur a fait des analyses et statistiques, on constate qu'après quinze ans de scolarité au moins, il y a plus de quarante-cinq fautes de français à la page ! Une telle méconnaissance de l'orthographe n'a rien à voir ni avec les subtilités de la dictée de Pivot, ni avec aucun projet de réforme de l'orthographe. Elle reflète une ignorance profonde des accords grammaticaux, des genres et des nombres, ou bien une ignorance non moins profonde du sens des mots et de leurs liens entre eux.

Parents ! Laisserez-vous vos enfants se lancer dans la vie en écrivant : « les contraintes qu'on nous imposent », « l'importance des données sociale », « ce préoccuper du présent », etc. — toutes formules empruntées (parmi d'autres) à une seule et même copie de philosophie, en première année de faculté ? Quelquefois, on s'y retrouve : pas toujours ! Et simple remarque personnelle : je reçois beaucoup de lettres de gens que je ne connais pas, et je sais rarement s'il s'agit d'un homme ou d'une femme, tant les accords des adjectifs et des participes sont fantaisistes et mêlés : « je suis soulagé... ; j'étais tourmentée... ». L'orthographe est d'abord un moyen de se faire comprendre. Et, même sans avoir fait de grec, on devrait établir une barrière de sens entre l'auto-mobile et l'oto-rhino-laryngologiste, ou même l'otite — tout comme, même sans avoir fait du latin, on devrait établir une coupure nette entre un poids que l'on soulève et des pois que l'on mange. Oui, je sais, il y a quelques illogismes, nés avec l'usage : les élèves d'aujourd'hui ne sont plus à cela près : ce qu'ils ont perdu est précisément l'idée qu'il existe en général une logique. Ce qu'ils n'ont plus, c'est l'habitude de regarder les mots, d'en chercher la transparence et la rigueur. Ils glissent sur l'orthographe, en sachant que cela compte peu, et en ignorant que cela comptera ensuite dans la vie.

Cela comptera d'autant plus qu'il s'agit, précisément, d'une habitude. Celui qui met mal l'orthographe à quinze ans ne la mettra plus jamais bien. Cela lui restera, comme un membre définitivement atrophié.

J'en dirai autant de la ponctuation. Manie de professeur et de membre de l'Académie ? Mais non ! Là encore il s'agit de clarté ! Je lisais récemment dans un compte rendu d'examen de français une remarque fort raisonnable, disant que le sens est tout différent selon que l'on écrit : « Jacques, lui, refuse cette consolation » ou bien : « Jacques lui refuse cette consolation ». Tous ces petits signes n'ont pas été inventés par hasard pour contrarier les élèves. Seulement il faut en comprendre l'usage.

Et pour cela, un seul moyen : la grammaire ! Dans le premier exemple, « lui » est une apposition au sujet, dans le second un complément d'attribution. Mais, hélas, suis-je encore à la page en employant ces mots ? La grammaire a voulu faire peau neuve, en jetant à bas toutes les catégories traditionnelles. Ou bien on a voulu les associer au concret, alors que justement son utilité était de passer à des règles universelles et partout applicables — je veux dire à d'autres langues et dans d'autres classes. Essayez seulement d'expliquer à un élève que l'on n'écrit pas de la même façon : « je suis aimé » et « je veux aimer », s'il ne connaît pas les mots de participe et d'infinitif ! J'ai essayé et j'ai cru devenir folle. Mais l'élève, lui, n'a rien retenu ; à toutes mes questions, il répondait par un pari : une chance sur deux ! Que faire d'autre si l'on ne vous a pas donné — ou donné avec assez d'insistance — la clef et les définitions premières ?

Une langue ne s'apprend pas par les à-peu-près d'une écoute plus ou moins attentive.

En vertu de ces à-peu-près, les mots sont confondus les uns avec les autres — parfois dangereusement. On me signalait le cas d'un jeune confondant le « désintérêt » et le « désintéressement » — une erreur qui dans la vie pourrait lui valoir quelques ennuis ; et un autre ne connaissant du mot « asile » que le sens « asile de fous », ce qui peut également avoir de fâcheuses conséquences.

Oui, me direz-vous, ces maux sont graves, sans l'ombre d'un doute, mais les parents n'y peuvent rien — sinon tenter de compenser ou de compléter l'action de l'école, ou encore d'insister pour que l'école y mette bon ordre. Mais il n'y a là rien de nouveau, ni qui dépende vraiment des parents.

Cela est vrai, mais patience ! Je n'ai parlé jusqu'à présent que des débuts — ceux qui sont encore communs à tous les enfants et ne supposent encore aucun choix. Ce n'était que pour vous ouvrir les yeux à l'importance des lettres, en commençant par le commencement, et la plus humble des communications.

« Communication » est un mot fort à la mode pour parler des lettres ; mais c'est, encore une fois, un mot réducteur, n'envisageant que le résultat immédiat. Or l'expression efficace est, de surcroît, étroitement liée à l'élaboration d'une pensée un peu précise, de plus en plus précise, de plus en plus nuancée.

Souvent, on en est loin ; et certaines expériences aident à mesurer combien il faut, en effet, apprendre le moyen de s'exprimer. C'est le cas lorsque l'on entend les « Bof ! ». ou les « J'sais pas » de certains adolescents, ou quand on se heurte à ce vocabulaire passe-partout qui déclare tout « super », d'une symphonie à un sorbet. C'est le cas quand des jeunes s'expliquent mal : un de mes étudiants sollicitait une bourse pour les États-Unis ; je lui demandai pourquoi il désirait y aller ; il me répondit : « Je ne sais pas : c'est grand... » Voulait-il parler de voyages possibles, ou de contacts humains ? de liberté ? de variété ? Je n'en tirai pas un mot de plus : c'était un bon étudiant, mais une piètre explication. Quelquefois la gaucherie confine au burlesque ; témoin la formule citée dans quelque sottisier, de l'élève à qui l'on demandait la différence entre un roi et un président et qui répondit : « Le roi est le fils de son père, et pas le président. » Cet élève savait très bien la différence, mais il ne savait pas la dire. Comique à part, il était incapable d'analyser et de mettre en place les articulations de l'idée (« le roi gouverne *parce que...* »).

D'autres fois, je le sais bien, nos jeunes sont plus diserts ; ils parlent et écrivent d'abondance : j'ai lu assez de copies, même dans ces dernières années, pour être fixée sur ce point. Mais je crains, justement, que, dans ce cas, ils ne répètent. C'est si tentant, c'est si facile, de recourir à cette espèce de langue de bois qu'ils tirent de ce qu'ils entendent. Parfois il s'agit des discours simplistes que leur versent jour après jour la télévision et d'autres moyens médiatiques. Parfois aussi il s'agit des formules pédantes du nouveau jargon universitaire. Même sans aller jusqu'aux expressions abstruses qu'invente la nouvelle pédagogie, il n'est pas de petit élève qui ne s'ébatte allégrement dans les « codes linguistiques » et les données « sociopsychologiques », dans l'« allégorique » et l'« anagogique ». La mode est lourde, parfois. Et la prétention a des allures flatteuses. Les jeunes ne savent pas encore combien sont modestes les vrais savants. Et ils ignorent sans aucun doute (mais leurs parents le savent-ils bien ?) la difficulté du parler honnête : dire ce que l'on pense vraiment, le dire avec des mots à soi, sans tricher, n'est pas si facile que cela. C'est un grand art, et qui s'apprend.

Je ne connais même rien de plus beau. Et notre époque devrait le comprendre, qui apprécie si fort les appareils très sélectifs, capables de recevoir un poste émetteur, sans que les longueurs d'onde voisines y mêlent la plus petite confusion, et capables de retransmettre, sous forme d'ordres complexes, le moindre effleurement d'une touche. Mais, dès qu'il s'agit de parole, tout change ! On trouve que l'à-peu-près suffit et qu'il faut être bien maniaque pour chercher plus de précision.

Et pourtant, quelle merveille, cette recherche de la précision ! Quel jeu enrichissant, où les idées s'affinent et sortent du brouillard qui les enveloppait. « Est-ce vraiment le mot qu'il fallait ? » « Est-ce cela que vous voulez dire ? » À ce moment-là, une classe se prend au jeu, des regards s'éclairent, des offres se font, et des moqueries pour les mauvaises propositions : le langage, alors, prend un sens, et l'éventail des nuances possibles s'entrouvre, tout chatoyant d'idées voisines, jumelles, et toujours différentes.

J'ai souvent assisté à ce petit miracle lorsque l'on procédait à des exercices de traduction et qu'il fallait trouver l'équivalent le meilleur d'un mot ou d'un tour dans une autre langue. Ah ! ce n'était pas afin d'établir une traduction passable d'un texte, au demeurant déjà traduit ailleurs, ni pour en communiquer le sens à de jeunes néophytes : c'était pour leur apprendre la souplesse des langues, leurs difficultés et leurs infinies possibilités ; et c'était, plus encore, pour leur apprendre comment, avec des mots, on donne existence et forme aux idées. Exprimer une idée, si simple soit-elle, c'est d'abord la percevoir et l'aider à surgir. Du coup, surgit aussi l'attention au sens.

Je suis toujours surprise quand je vois comment les jeunes écoutent la télévision ou lisent les journaux : certainement beaucoup de termes leur échappent en grande partie. Les interrogations scolaires le prouvent : ils ne savent pas vraiment ce que sont le Conseil d'État ou le Conseil de l'Europe : ils écoutent passivement — là aussi, par à-peu-près. Les classes de lettres (celles de français, mais aussi celles de langues, vivantes ou anciennes) leur apprennent à percevoir les mots, à les interroger, à les critiquer. Car, de même que l'œil ou l'oreille gagnent à être éduqués, l'attention aux idées s'acquiert et se développe.

S'ils le mesuraient aussi bien que le mesure un professeur dans sa classe, je ne crois pas que les parents hésiteraient tant à diriger ceux qui en ont l'aptitude vers ces études de lettres, que ce soit en orientant leurs enfants vers le baccalauréat L ou en les poussant à prendre, en plus des sciences, les options qui peuvent continuer cette action d'ouverture : les réussites que j'évoquais en commençant, et qui se traduisent dans les professions les plus diverses, sont au bout du chemin.

Encore n'ai-je pas dit ici l'essentiel. Car ce merveilleux entraînement à l'expression juste ne saurait mieux s'acquérir — c'est là une évidence — que dans un contact étroit avec les textes littéraires. Qu'est-ce, en effet, qu'un « texte littéraire » ? En quoi diffère-t-il d'un autre ? Simplement en ceci, qu'il a été écrit avec soin, par des auteurs de qualité, qu'il a été lu, approuvé, réédité, répandu ; autrement dit, un texte littéraire se définit par le fait qu'il est bien écrit : il n'aurait pas, autrement, traversé les siècles et les frontières.

Est-ce l'égalitarisme, ici encore, qui a voulu ne relever que le plus moderne et remplacer les grandes œuvres du passé par les dossiers et les coupures de presse ? Est-ce pour suggérer que tout se vaut ? Est-ce pour refuser d'un seul coup et le passé et la qualité ?

Toujours est-il que, simplement pour la langue et l'art de s'exprimer, aucune étude ne vaut celle-là. On peut interroger ces textes : pourquoi tel mot ? pourquoi à telle place ? On peut les faire apprendre par cœur, et relever les erreurs, pour découvrir alors, avec la jubilation de l'évidence, combien le texte est préférable à ce qu'une erreur de mémoire avait proposé.

Et puis, en plus, ces textes des meilleurs auteurs agissent par contagion : ils donnent l'habitude du langage bien manié.

On me dira que nul ne s'attend à ce que nos chers petits se mettent à parler dans le langage du XVIIe siècle. Non seulement la langue évolue, mais il serait un peu ridicule d'adopter dans la vie courante le style noble de la littérature classique. J'en conviens volontiers. Mais j'aimerais faire à ce sujet deux remarques.

La première, à propos de l'évolution de la langue. Certes, nul ne parle aujourd'hui le français du XVIIe siècle ; mais les différences mêmes entre les deux états de langue sont instructives. On découvre qu'un mot comme « étonner » était beaucoup plus fort ; on découvre une floraison de métaphores devenues de nos jours précieuses et désuètes : cette expérience donne du relief à l'usage actuel. En plus, la constatation même de ces glissements, à l'intérieur d'une langue, éveille encore un peu mieux cette attention au sens des mots, qui est, pour le progrès intellectuel, un facteur si important.

L'autre remarque concerne l'existence d'une langue dite « littéraire », qui se distinguerait de l'autre par une noblesse vieillie. D'abord, il ne faut pas exagérer : nous n'en sommes pas arrivés à l'état qui était encore tout récemment celui de la Grèce, avec deux langues officiellement reconnues : la langue « pure » et la langue « démotique », ou populaire. Quand on parle de deux langues en France, on veut plutôt dire deux tons. Mais n'est-il pas bon de savoir changer de ton selon les circonstances ? Il ne faut surtout pas que des maîtres, soucieux de modernité et avant tout attentifs à ne pas heurter les enfants, les laissent mal s'exprimer, presque en argot, même quand ils parlent à un professeur, même quand ils font un exposé ou un devoir écrit. C'est là, tout bêtement, manque de tenue et de bienséance. Et, peu à peu, à en user ainsi, on les rendra bel et bien incapables de s'exprimer correctement, en quelque circonstance que ce soit. Dans un rapport sur les examens de français, paru cette année, et auquel j'ai déjà eu l'occasion d'emprunter des témoignages, l'auteur signale quelques phrases dont il déplore le ton trop familier. « Familier » est faible, quand des élèves en viennent à traiter le héros des *Liaisons dangereuses* de « dégonflé », ou à dire que Goethe, dans tel passage, « annonce la couleur », ou encore à déclarer froidement, à propos d'une répétition, que « Flaubert remet ça » ! Croyez-vous, vous les parents, que des élèves qui écrivent ainsi sauront trouver le ton juste pour s'entretenir avec leur futur patron, ou plaider un dossier devant un commanditaire ? Une solide formation littéraire consiste aussi à le leur apprendre, par Molière ou Flaubert interposés. Et un peu de bonne langue, digne et sachant se tenir, ne serait certes pas de trop pour compenser le prétendu réalisme des feuilletons télévisés. Les enfants ne sont nullement inaptes à l'apprécier : il n'est que de voir le nombre de jeunes ouverts aux musiques du passé les plus raffinées et les plus élégantes. Simplement, pour le français, on ne leur a pas appris les débuts, de la bonne façon. S'y remettre ne serait pas seulement enrichissant, et ne préparerait pas seulement une sorte de promotion sociale. Puisque les parents plus que tous doivent se soucier de l'avenir en termes pratiques, je le leur dis sans hésiter : cela serait payant.

Mais attention ! À propos du maniement de notre langue française, je n'ai pas pu l'empêcher : elle s'est glissée, doucement, dans l'exposé, celle qui devait attendre son tour, mais dont la place, en fait, est partout : la littérature.

À présent, elle nous fait signe. Après tout nous pensons au baccalauréat L : L comme « Littérature ».

La littérature et l'expérience humaine

Pendant des siècles et des siècles, dans les pays les plus différents, les hommes ont tenté de donner une expression durable à ce qu'ils éprouvaient d'important. On a appris leurs textes par cœur ; on se les est transmis, avec joie et avec respect. Est-ce ce grand livre de mémoire que l'on voudrait refermer aujourd'hui, sous prétexte que, dans notre monde à nous, il ne sert plus à rien ?

C'est un peu cela, et le fait est à peine croyable. Des gens voudraient donc enfermer les jeunes dans un monde clos, sans autres souvenirs que ceux qu'ils peuvent récolter entre potaches ou puiser dans l'actualité ? On a rarement vu, dans l'histoire de l'humanité, une plus brutale amputation.

J'aimerais partir du plus simple, ici encore, et évoquer telle petite fable de La Fontaine, que l'on apprenait par cœur, autrefois. Il m'en reste quelque chose, puisque j'écris cette lettre à la campagne, sans aucun texte sous la main, et juste avec des vers ou des phrases qui me reviennent à la mémoire, chargés dc la patine très douce des souvenirs lointains.

Maître Corbeau, sur un arbre perché,
Tenait en son bec un fromage...

Je vois d'ici le tollé : des histoires pour enfants, et allant à l'encontre de toute expérience raisonnable. Qui vit jamais un corbeau avec un fromage au bec ? Mais Blanche-Neige et les Sept Nains, ou même Disneyland, en prennent autant à leur aise. Et, ici, nous avons en plus — quoi ? le doux chantonnement des rimes, l'exquise courtoisie, très vieille

France : « Maître Corbeau », et, plus loin, « Monsieur du Corbeau », et puis les flatteries, forcées, multipliées, attirant la connivence, et ponctuées par le vers, pour se terminer dans des fleurs de rhétorique un rien prétentieuses : « Que vous êtes joli ! Que vous me semblez beau ! Sans mentir, si votre ramage se rapporte à votre plumage, vous êtes le phénix des hôtes de ces bois ! » Certains peuvent ignorer le mot ramage et ce qu'est un phénix : ils l'apprendront ; mais ils percevront en même temps que ce style est volontairement fleuri et savant, onctueux, doucereux. Et, sans qu'ils comprennent tout à fait pourquoi, ils s'amuseront tout ensemble du flatteur et de sa victime. L'un est trop mielleux, l'autre est trop naïf ; et l'image finale le rend si ridicule, quand, ravi, « il ouvre un large bec, laisse tomber sa proie » !

C'est là une belle petite histoire ; et elle comporte une leçon, parfaitement claire et simple : se défier des flatteurs. Peut-être cette leçon est-elle moins nécessaire de nos jours qu'à la cour du roi Louis XIV. Mais l'enfant aura vu mille scènes plus frustes, auxquelles la leçon s'applique (« Tâche d'être aimable avec ce Monsieur, je compte lui demander un petit service », ou « Toi qui sais si bien, tu ne pourrais pas me faire mon devoir ? »). Auparavant, il ne les remarquait même pas, ces scènes : à présent, il aura peut-être un petit sourire. De toute façon il aura cueilli au passage un léger amusement à voir la bêtise des dupes, et un léger coup de sympathie pour l'intelligence en tant que telle. Le renard, c'est déjà Ulysse...

Cela ne fait-il pas beaucoup, par petites touches, d'avoir acquis ainsi le goût des lettres et le plaisir des rimes, la tolérance amusée de celui qui sait, et le goût d'une intelligence subtile, capable d'arriver à ses fins ? L'enfant n'en a pas conscience le moins du monde, naturellement. Et vous non plus, ses parents. Mais écoutez sa petite voix toute claire qui ânonne et psalmodie : « Maître Corbeau sur un arbre perché... » : vous saurez qu'il est entré dans le monde des lettres et que la vie a pris pour lui une dimension de plus. Vous pouvez être fier de lui.

La petite leçon relative au vaniteux trompé se retrouve d'ailleurs, pour la même époque, dans *Le Bourgeois gentilhomme.* Mais quel changement de registre ! Cette fois, la duperie est montrée, mise en scène, vivante : c'est là une des fonctions de la littérature. Elle est surtout joyeuse. Le vaniteux ne perdra même pas sa proie : simplement il mariera à son insu deux jeunes gens qui s'aiment. Mais quel luxe, dans la tromperie ! Il se veut gentilhomme : on lui fournit un « grand Turc » ; il aimait les honneurs : le voilà « Mamamouchi » ; et il répète le mot, avec extase, à chaque détour de phrase ; et tout le monde se met à parler un turc de fantaisie, qu'il est le seul à croire tout à fait authentique : « *Marababa sahem* veut dire : “Ah ! que je suis amoureux d'elle” ? — Oui. — Par ma foi, vous faites bien de me le dire... »

Peut-être ai-je tort d'évoquer ici ce divertissement (il s'agit, ne l'oublions pas, d'une « comédie-ballet ») : je ne convaincrai ainsi les parents ni du sérieux des études littéraires ni de leur utilité... Voire ! Nul n'est forcé d'être ennuyeux pour instruire. Et il peut n'être pas sans profit de faire rire des jeunes avec une fantaisie qui, après tout, traite de la promotion sociale et de la sottise des ambitions qui l'entretiennent. La satire est vive et un peu folle : par là elle devient symbole. Mais ce qu'elle critique est de tous les temps. En la faisant si vive et si folle, Molière permet seulement qu'elle soit comme désamorcée. Rien à voir, ici, avec les revendications et les caricatures que notre jeune trouvera dans la presse, ni avec les propos amers qui mettront la zizanie à la table familiale. Le miracle de la littérature est que l'on peut, ici encore, être plein de tendresse pour la naïveté de M. Jourdain et plein de tendresse, aussi, pour ceux qui le bernent avec tant de verve. « Mamamouchi » : le mot inventé pour faire rire survit dans un coin de la mémoire comme un rappel au bon sens.

Et ce rappel vaut pour toute la pièce, pour toutes les pièces.

Après tout, M. Jourdain s'est aussi fait donner des leçons, et même par un philosophe, qui, lui révèle, parmi bien des mots savants, qu'en réclamant ses pantoufles, le soir, il fait de la prose ! Il est ravi de le savoir, M. Jourdain – comme seront ravis les jeunes qui sauront que, pour réclamer les leurs, ils utilisent un « code linguistique ». Mais peut-être aussi leur restera-t-il, comme une petite graine cachée dans le terreau de leur esprit, une ombre d'ironie pour tous les pédantismes. N'est-ce pas la même graine que lorsqu'ils liront ou verront représenter ou représenteront eux-mêmes, ou apprendront par cœur (j'insiste à dessein), une scène des *Femmes savantes* ou des *Précieuses ridicules* ou encore des satires de médecins, dans le *Malade imaginaire* ou le *Médecin malgré lui*. Dans une société comme la nôtre, apprendre à se méfier des fausses sciences n'est pas inutile, et l'apprendre dans la gaieté et la fantaisie y ajoute cette sympathie pour l'intelligence dont je parlais à propos de La Fontaine.

Sur ces diverses questions, les idées exprimées ne sont pas forcément les nôtres : la discussion sur les femmes savantes paraît à des jeunes d'aujourd'hui, dans leurs classes mixtes, d'un conservatisme un peu sot. Très bien ! Je ne vois pas d'inconvénient à ce qu'ils mesurent sans cesse combien les sociétés évoluent (et j'aurais personnellement mauvaise grâce à m'attaquer au savoir féminin). Mais, après tout, il peut être bon d'apprendre à mesurer ces différences, sans le faire en fonction d'une actualité chargée de passions et de malentendus (avec, par exemple, le tchador et les études interdites aux jeunes musulmanes). On apprend, avec Molière, à ne point compliquer les choses en y mêlant des considérations raciales. Et puis Molière n'est sans doute pas aussi obtus que son bonhomme Chrysale. L'on s'aperçoit vite, en effet, que les femmes savantes ne sont ridicules que pour la simple raison qu'elles sont aussi naïves que le bourgeois gentilhomme, et aussi farcies de prétentions que son maître de philosophie. Leur tort est d'admirer Trissotin (au nom si suggestif !) et de pousser leur goût du savoir jusqu'au refus du corps et du mariage. La science et l'esprit ne sont donc point en cause :

Ce sont choses de soi qui sont belles et bonnes,
Mais j'aimerais mieux être au rang des ignorants
Que de me voir savant comme certaines gens.

À chaque texte que l'on découvre, on se trouve mis en garde contre un nouveau faux-semblant ; et l'on apprend ainsi à distinguer les choses. Et l'on apprend à bien juger. Cela sans compter qu'à la vie concrète et pleine de relief qui est ici donnée aux personnages s'ajoute, comme dans La Fontaine, la cadence du vers, sa réserve de bon ton à l'égard des pires personnages (« certaines gens »), sa force allusive et bien frappée. Peu à peu, tout cela compte, construit dans l'esprit de ceux qui lisent une lucidité accrue et une connivence subtile — la connivence de gens qui se comprennent parce qu'ils aiment la vérité.

Mais pourquoi s'en tenir au comique ? L'année même où Molière faisait jouer *Le Bourgeois gentilhomme*, Racine faisait jouer *Bérénice* (sans parler de celle de Corneille). Et, avec *Bérénice*, voici d'un coup, en plein éclat, le tragique, la passion, et après la naissance subtile du bon sens, les grandes leçons du cœur.

La passion la plus entière, avec le renoncement le plus définitif : non ! ce n'est pas à la mode ! Et pourtant est-il possible de ne pas se reconnaître, soi-même, dans la pièce, mais grandi, épuré et comme fixé à jamais par la littérature ? Bérénice devant quitter Titus, c'est l'équivalent, pour la musique, de Didon mourant du départ d'Énée — avec cette différence qu'ici le sacrifice est accepté, dans la douleur, par l'un et par l'autre. C'est d'abord Titus qui hésite, déchiré :

Hé bien ! Titus, que viens-tu faire ?
Bérénice t'attend. Où viens-tu, téméraire ?
Tes adieux sont-ils prêts ? T'es-tu bien consulté ?
Ton cœur te promet-il assez de cruauté ?...

Puis, au moment de parler, les mots lui manquent, le vers se brise, sa volonté aussi :

Mais...
— Achevez !
— Hélas !
— Parlez.
— Rome... l'Empire...
— Hé bien ?
— Sortons, Paulin, je ne lui puis rien dire.

Après lui, c'est à Bérénice d'accepter la séparation. Elle exhale d'abord les plaintes célèbres, où s'inscrit pour toujours toute la douleur de toutes les séparations :

Pour jamais ! Ah ! Seigneur, songez-vous en vous-même
Combien ce mot cruel est affreux quand on aime ?
Dans un mois, dans un an, comment souffrirons-nous,
Seigneur, que tant de mers me séparent de vous ?
Que le jour recommence et que le jour finisse
Sans que jamais Titus puisse voir Bérénice,
Sans que, de tout le jour, je puisse voir Titus.
(IV,5)

Quel est l'adolescent, quelle est l'adolescente, même s'ils ne l'avouent pas, même s'ils n'en ont pas clairement conscience, qui ne colore de cette grandeur son chagrin naïf à quitter quelqu'un, pour un temps, parce qu'il faut ? La longueur de l'absence s'étire en ces répétitions, jour après jour, de l'attente vaine : « Sans que jamais... Sans que de tout le jour... » J'ai souffert comme Bérénice, et avec elle, plus souvent que je ne puis m'en souvenir.

On m'objectera que cette poésie de la séparation n'est plus dans les mœurs. Peut-être... Mais les séparations existent encore. Et si un roi d'Angleterre démissionne de ses fonctions royales pour l'amour d'une femme, cela fait quelque bruit dans le monde et ramène le vieux débat au premier plan : ici, il est à l'état pur. Il ne me déplaît pas que la décision soit celle du devoir et qu'elle s'environne d'une *aura* de noblesse : j'aime que l'on fasse sentir aux jeunes la beauté du devoir accepté ; et je pense que notre monde à scandales se porterait mieux si on le leur faisait sentir plus souvent, à travers la grâce de la littérature. Mais, en plus, ces mots si déchirants ouvrent le cœur à la pitié et à la compréhension de la souffrance. Une des fonctions de la littérature est d'élargir indéfiniment, au gré de toutes les expériences du monde, le domaine de la sympathie.

Pour un temps comprendre Bérénice, mais comprendre aussi Titus, souffrir avec Musset, avec Victor Hugo, espérer, croire — si ce n'est pas là une formation humaine, je me demande bien quel sens peut avoir ce mot.

Et encore, je n'ai même pas abordé ce qui compte. Je n'ai pas dit comment, dans le domaine des idées, ce jeune homme qui n'a pas su grand-chose ni rencontré grand monde va se trouver invité à rencontrer, pour dialoguer avec eux, Montesquieu, Voltaire ou Rousseau. Cela ne vaut-il pas les inconnus recueillis au hasard des rencontres et pieusement interrogés par les meneurs de jeu de la télévision ?

Qui plus est, avec la variété des rencontres naît aussi la liberté des choix. Nul n'aime tous les auteurs, n'approuve toutes les doctrines : l'histoire littéraire les offre tous et toutes : c'est ainsi que chacun se fait soi-même, selon ses sympathies et sa personnalité. Et, de même que la possibilité d'énoncer clairement sa propre pensée constitue une libération, de même la possibilité de trouver ses idées non pas seulement dans l'actualité du jour et dans quelques textes contemporains, mais dans des siècles d'expérience, d'essais et de variations, assure vraiment aux jeunes esprits ce bien sans prix — leur liberté.

Et si c'était en partie la raison de la suspicion où sont tenues les lettres ? Et si, en suivant cette pente, vous, parents, étiez victimes d'une propagande néfaste qui tendrait, délibérément ou non, à restreindre cette liberté ? La possibilité vaut d'être envisagée.

J'ajouterais qu'il en va de même dans le domaine

affectif. Pensez à la chance offerte à vos enfants, de pouvoir recevoir, directement, les confidences de Verlaine ou de Rimbaud, les impressions sur le monde de Saint-John Perse, et de découvrir les problèmes moraux qui se posaient à Claudel ou à Mauriac ! S'il s'agissait d'une rencontre mondaine et impersonnelle, vous sauteriez sur l'occasion, j'imagine. Or, là, on invite vos enfants à les rencontrer tous, pour parler cœur à cœur !

Tout cela dépose des sédiments. Certaines rencontres passent, ou même laissent quelque agacement. D'autres créent des liens secrets, renforcent une tendance, apaisent une inquiétude, enrichissent, nourrissent.

Peut-être une telle formation est-elle plus nécessaire que jamais, précisément à cause de la folle rapidité du progrès scientifique — quand on voit les plus grands savants s'effrayer eux-mêmes des possibilités qu'ils ont contribué à créer et qu'on les voit écrire, ou parler, sur la nécessité d'une sagesse qui sache y faire face. Cela est par exemple le cas des très grands médecins, comme Jean Bernard et Jean Hamburger — tous deux, d'ailleurs, fins lettrés (et je suis fière de dire qu'ils ont dès le début soutenu notre association pour la sauvegarde des enseignements littéraires). Les progrès de la science sont tels qu'ils troublent l'homme et appellent, en contrepartie, un retour de la réflexion et de l'humanisme, au sens le plus large du terme

Mais je vous connais, parents ! Je sais que vous allez — au mieux — lire ces évocations et puis me faire la réponse attendue : « Oui, tout cela est très joli ; et je ne déteste ni Molière ni Racine ; mais j'ai les deux pieds sur terre : que mes enfants lisent les auteurs au début, mais ils feront ensuite des sciences, cela est plus sûr ; et il y a longtemps que tous les meilleurs font ce choix. » Oui, je vous connais et je connais ce genre d'arguments.

En ce moment, si vous voulez savoir, je suis dans ma maison de Provence. J'écris quelques phrases et je m'en vais faire un tour au jardin ; et aussitôt, j'arrache : les mauvaises herbes, le lierre, le chiendent, j'arrache avec rage, avant de rentrer et de continuer. Or je crois que c'est là un geste symbolique : j'arrache, comme je voudrais arracher la sottise et la paresse de l'esprit de vos enfants, ou comme je voudrais arracher cette obstination, de votre part, à vous conduire comme les moutons de Panurge.

Ne croyez pas, surtout, que je sois contre les sciences et que cette formation me paraisse inférieure à l'autre. Il n'en est rien. Il se trouve seulement que l'autre existe aussi, et que c'est un gaspillage absurde, si vos enfants sont bons en lettres, de ne pas les orienter en ce sens. De même, c'est un gaspillage absurde, si vous en faites des scientifiques, de ne pas leur donner en même temps, dès le début et jusqu'à la fin, le plus de formation littéraire possible.

Et permettez-moi d'insister sur ce mot de « formation ». On ne l'emploie plus guère que dans l'expression de « formation professionnelle » ; mais la formation de l'homme, de l'esprit, de la sensibilité, de la morale — cela ne compte-t-il pas ?

Je ne parlerai même pas du bonheur que certains peuvent y trouver, ni de l'équilibre moral, si précieux et si rare en notre temps de désarroi et de drogues : une formation de l'esprit et du cœur par le contact avec les textes peut contribuer à le donner, ou à le raffermir. Mais laissons tout cela puisque l'on ne doit parler que de façon pratique : une formation de l'homme aide à réussir où que ce soit — à obtenir des postes, à s'y distinguer, à dominer les difficultés.

Répondant à une critique qui prétendait que les cadres supérieurs modernes doivent apprendre « l'art de la lecture rapide, du résumé, des langues étrangères orales, le tennis », et qu'un tel cadre étonnerait fort en citant, dans un déjeuner d'affaires, les *Géorgiques,* François Bayrou rappelait d'abord que la lecture rapide et le résumé supposent une maîtrise solide de la langue ; et il ajoutait, plaisamment, mais non sans raison, que ce qu'on attend de ce cadre supérieur est justement « qu'il puisse faire preuve d'originalité, d'indépendance et d'humour, toutes choses où les *Géorgiques* et leurs semblables lui seront d'un puissant secours »[1].

Je pourrais citer les métiers, nombreux, où cette bonne formation littéraire portera ses fruits : tous ceux de l'édition, depuis la publication jusqu'à la vente, tous ceux des relations sociales, dont chaque entreprise a besoin, tous ceux de la gestion et du droit, de la politique, de l'administration, tous ceux du spectacle et du tourisme, des arts et des fêtes, tous ceux de la traduction et des activités d'interprètes, tous ceux de la psychologie sociale, et ceux des « chasseurs de têtes », les libraires, les conseillers, les diplomates, les journalistes, les correcteurs d'imprimerie... Que sais-je ? On commence par être dans les reçus avec mention à un baccalauréat de lettres et l'on aboutit, de proche en proche, aux activités les plus diverses : la formation que l'on a reçue ne permet pas seulement d'y accéder, mais d'y réussir.

Une anecdote drôle, pour illustrer mon propos et en finir avec cette propagande à laquelle me contraint votre inquiétude : on raconte qu'au Sénégal, on avait procédé à une enquête pour savoir ce que les enfants voulaient faire plus tard : on fut surpris de constater que beaucoup d'entre eux vou-

1. *La décennie des mal-appris*, p. 24-25, répondant à MM. Baudelot et Establet.

laient être agrégés de grammaire. Léopold Sédar Senghor était alors président de la République et les enfants confondaient ses deux titres — agrégé de grammaire et président de la République.

Tous les agrégés de grammaire, ou ceux de lettres (je pense à Georges Pompidou), ou ceux de philosophie (je pense au président grec, Tsatsos), ne finissent pas présidents de la République : il s'en faut. Mais, vraiment, juger que la formation littéraire, si enrichissante soit-elle, ne peut mener à rien dans la pratique, c'est pousser un peu loin l'injustice...

Au reste, si le renouveau qui s'esquisse aujourd'hui et que je vous demande ici de soutenir, se précise et s'amplifie, avoir été parmi les premiers à en profiter pourrait bien s'avérer un placement des plus avisés.

Mais je vous demande pardon, parents : je sais que vous n'êtes pas ainsi, pas tous. Je sais que vous aimez voir vos enfants se développer et s'améliorer, physiquement, intellectuellement, moralement. Je voulais seulement vous rappeler qu'en leur donnant cette forme de développement, vous ne les engagez pas sur une voie sans issue. À mes yeux, ce serait plutôt une voie royale.

TÉMOIGNAGES

« Au cours des différentes étapes de ma carrière industrielle, j'ai eu à cœur d'introduire des " littéraires " dans les états-majors composés très majoritairement d'ingénieurs.

« Pourquoi la plupart ont-ils brillamment réussi ?

« D'abord parce qu'ils savaient mieux que d'autres manier le discours et la plume, la " communication " dont on découvre qu'elle est un élément essentiel d'une gestion moderne.

« Si l'on ajoute que l'étude des sciences humaines développe l'esprit de rigueur au même titre que les mathématiques (qui dira à cet égard les vertus du thème latin ou de la version grecque ?), on ne s'étonnera pas que des littéraires, au prix d'acquisitions techniques évidemment nécessaires, puissent devenir d'excellents industriels. »

Roger FAUROUX
Agrégé d'allemand
Président d'honneur de Saint Gobain
Ancien ministre de l'Industrie

Le français

« Ce qui importe, à l'école, c'est moins d'acquérir en vrac le plus de connaissances possible que d'apprendre à apprendre. La gymnastique intellectuelle qu'implique la vie moderne exige de se familiariser aussi bien avec la littérature et l'histoire qu'avec les mathématiques et la biologie. Dans tous les domaines il faut savoir s'exprimer. Une spécialisation trop précoce ne peut que stériliser l'esprit. »

François JACOB
Biologiste,
spécialiste de génétique cellulaire
à l'Institut Pasteur
Prix Nobel de médecine en 1965

« Dans les entreprises, plus on monte haut, plus on peut se passer des techniques — parce qu'on a les techniciens à sa disposition ; la seule chose qu'on ne peut remplacer c'est le jugement et, pour la formation du jugement, rien n'égale l'art rhétorique (celui que, dans les études secondaires, développe la dissertation) et la fréquentation intelligente des classiques. »

P. MOUSSA
Ancien président de Paribas
Fondateur du groupe Pallas

« Plus que toute compétence spécialisée, la capacité de concevoir dans des termes accessibles à tous, d'exprimer et de convaincre détermine le niveau de responsabilité auquel un homme peut prétendre. L'outil unique de cette aptitude est l'intelligence de la langue. Mieux vaut, si l'on a quelque ambition, s'astreindre tôt aux disciplines qui sont la clef de sa maîtrise. »

A. LEBEAU
Directeur de la
Météorologie nationale

« Un chef d'entreprise est comme un chef d'orchestre : il ne joue d'aucun instrument mais est responsable de l'harmonie de l'ensemble.

« Sa réussite dépend de sa capacité de définir, de transmettre et de faire partager des objectifs.

« Sans la maîtrise de la langue et du discours qu'apporte l'enseignement littéraire, il est impuissant. »

Louis SCHWEITZER
Président-Directeur Général
de Renault SA

II

LE LATIN ET LE GREC AU SERVICE DU FRANÇAIS

L'enthousiasme de ceux qui ont enseigné les langues anciennes et les sacrifices qu'ils ne cessent de faire pour leur maintien peuvent sembler bizarres à qui n'y a pas réfléchi. Quoi ? Alors que l'on ne sait déjà pas sa propre langue, aller en apprendre une autre, deux autres, que personne ne parle plus et qui, par conséquent, ne sauraient servir à rien ? Quoi ? Alors que l'on vit dans un monde où il est devenu nécessaire de se débrouiller dans plusieurs langues vivantes, aller peiner sur des langues qui ne mèneront à aucun contact et qui, de surcroît, sont plutôt difficiles ? Enfin, à une époque où la science est reine, souhaiter voir de pauvres enfants y ajouter, non seulement la formation que fournit leur propre langue, mais tant et tant d'heures perdues sur une culture d'un autre temps ? Cela peut paraître absurde. Et pourtant cela ne l'est pas. Mais alors, pourquoi ?

J'ai tenté de l'expliquer à plusieurs reprises ;

et je suis à présent gênée par le nombre des justifications qui se combinent et s'additionnent.

Certaines d'entre elles se tirent des circonstances mêmes qui pouvaient nous être objectées ; car, à chaque fois, ces circonstances, justement, font notre force.

Prenez un élève placé devant une phrase latine ou grecque : il comprend au passage des mots, mais ne voit pas la construction : il faut qu'il relise deux ou trois fois avec attention. Bravo ! C'est ce que nous regrettions qu'il ne fît pas avec le français, pour lequel il suffit de se former une impression vague et de deviner le reste. Le latin et le grec ne se parlent plus ; et de là vient, en partie au moins, leur valeur formatrice. Ce sont d'autre part des langues difficiles, et cela aussi est une vertu.

Difficiles, pourquoi ? Pour diverses raisons, mais d'abord parce que les mots portent en eux-mêmes la marque de leur fonction grammaticale, et qu'ils peuvent, par suite, être placés presque n'importe où dans la phrase. Cette liberté offre aux écrivains une grande souplesse et rend leurs tours plus expressifs. Ainsi les premiers mots de l'*Énéide* annoncent que Virgile va chanter Énée, qui vint de Troie en Italie. Mais le nom de Troie est jeté en tête, comme hors de la proposition : *Trojae qui primus ab oris...* ; et le nom de l'Italie sonnera au début du vers suivant, avant que ne vienne le verbe. Tout le thème de l'*Énéide* est déjà dans la place de ces deux mots. Mais compliquons encore un peu la phrase : cette souplesse va alors entraîner autant de pièges, qu'il faut d'abord savoir éluder — comme dans un jeu, dont l'accès au sens serait le prix.

Et, dans ce jeu — comme dans beaucoup de jeux —, l'attention doit être sans cesse en éveil. Si bien que l'on prend ainsi l'habitude de la tenir sans cesse en éveil.

De plus, dès l'instant que tout n'est pas évident à première vue, force est bien de savoir raisonner sur la langue, comprendre ce que sont les fonctions grammaticales, aller chercher le sujet ailleurs qu'au début, reconnaître la valeur d'une subordonnée d'après le mode employé, et établir jusqu'aux nuances du sens d'après le choix d'un tour grammatical au lieu d'un autre. Là, la différence entre « je suis aimé » et « je veux aimer » est indispensable à connaître, et doit être constamment présente à l'esprit. Elle devient donc claire pour le français aussi, dans les cas où la grammaire française, mal enseignée, aura laissé à cet égard des lacunes. À vrai dire, j'ai corrigé dans ma vie beaucoup de thèmes et de versions : souvent j'ai pu constater que le vrai responsable des contresens était le français. Le latin et le grec sont des langues rigoureuses ; par l'attention qu'elles exigent, elles ne favorisent pas seulement une rigueur utile en tous les domaines : elles aident aussi à la maîtrise du français, que l'on croit à tort posséder.

Mais, dira-t-on, n'importe quelle langue difficile et différente de la nôtre ferait tout aussi bien l'affaire. Le chinois, par exemple ; ou le russe, ou le japonais.

Eh bien, justement pas. Car ici intervient la première des accolades qui rendent irremplaçables pour nous nos deux langues-mères : en effet, si différentes et si difficiles qu'elles soient, elles laissent quand même voir, à chaque instant, des signes de reconnaissance qui marquent qu'elles sont à l'origine de la nôtre.

Même dans la grammaire (formes ou syntaxe), cela se sent. Nous n'avons plus de déclinaisons et nos conjugaisons sont très simplifiées ; notre phrase est devenue moins complexe que la phrase latine. Mais, même sans être grand clerc en grammaire (je ne parle pas de la linguistique !), on reconnaît au premier coup d'œil que *qui* introduit une proposition relative, comme en français, et que *etsi* est calqué dans notre « même si » et introduit donc une concessive. De même, il n'est pas nécessaire de savoir tous les verbes irréguliers latins ou grecs pour voir se regrouper des mots français issus de leurs diverses formes. La conjugaison toute simple du verbe *facere* latin, avec son passé *feci* et ses participes *faciens* ou *factus*, rend plus normale la conjugaison de notre verbe « faire », avec son passé « je fis », son participe présent « faisant » et tous les dérivés de *factus*, à commencer par le « facteur » et la « facture ». De même apparaît, à travers la conjugaison latine, la parenté du verbe « agir » et de l'« acte », et ainsi de suite.

Mais, plus directement encore, c'est tout notre vocabulaire français, ou presque, que la phrase latine ou grecque rappelle : elle en est éclairée, avant de l'éclairer en retour.

Pour ne prendre que la politique, voyez seulement cette transparence : la démocratie, l'aristocratie sont des mots grecs, l'empire, le Conseil, sont des mots latins ; le mot « politique » lui-même est grec, le mot « cité » est latin ; le « démagogue » est grec, le « tribun » est latin, le « décret » et la « loi » sont latins, la « stratégie » et l'« anarchie » sont grecques (cette dernière au même titre que la monarchie !).

Il va sans dire que ces parentés facilitent le petit casse-tête offert par la compréhension de la phrase, avec ses pièges et ses mystères. Ce sont des amis, qui font signe, des points fixes, qui donnent une base première.

Mais en même temps, il faut le dire, cette parenté aide à comprendre, pleinement, les mots français. Elle les rend transparents, dans leurs divers éléments composants ; et elle leur donne un arbre généalogique, qui confirme leur identité (et, accessoirement, leur orthographe).

Je sais : cela n'avance pas à grand-chose de savoir que le mot de « démocratie », inventé par les Grecs du Ve siècle avant J.-C., signifie « pouvoir du peuple » ni que « téléphone », fabriqué sur deux mots grecs, signifie « qui parle au loin ». Mais soudain voici toute une série de mots qui deviennent parents, et clairs, que l'on reconnaîtra et retiendra, comme le « télescope », le « téléphérique », ou les objets « téléguidés ». Et, peut-être, du coup, le jeune helléniste en herbe sera-t-il plus directement touché par la nostalgie d'Ulysse qui se languit au loin (*tèlè*), coupé de sa patrie...

Il faut en effet remarquer que les deux langues ne sont pas présentes dans la nôtre tout à fait au même titre. Dans le domaine politique, que je citais à l'instant, comme dans presque tout le vocabulaire relatif à la vie courante, aux vertus majeures, aux activités quotidiennes, la majorité des mots vient du latin, et ceux qui sont d'origine grecque n'ont le plus souvent gagné le français qu'à travers le latin. Il en est de même pour tous les mots des sciences et des arts, qui sont en général des mots grecs empruntés par le latin (depuis les mathématiques et la géométrie jusqu'au théâtre, et à tous les principaux genres littéraires). En revanche, les mots forgés par le français, en fonction de besoins nouveaux, le sont le plus souvent à partir des racines grecques, auxquelles leur netteté et leur emploi dans tant de mots anciens confèrent un statut privilégié. On vient de le voir pour les composés de *télé-* (dont on pourrait allonger la liste) ; mais il en est de même pour tous les noms d'espèces végétales ou animales, de maladies et de médicaments, de sciences récentes et de propriétés physiques récemment définies. Toutes les « pathologies » sont grecques, comme tous les « analgésiques » et tous les « euphorisants » ; et il n'est certainement pas de semaine où quelque scientifique engagé dans une recherche de pointe ne demande aux hellénistes un mot formé sur le grec pour le nouvel objet ou le nouveau concept qu'il veut baptiser.

Et une parenthèse : qui donc sera gêné par le *p* de baptiser, s'il a seulement une fois rencontré le verbe grec *baptô*, « plonger dans un liquide » ? L'orthographe française devient claire à qui reconnaît sous la forme actuelle des mots leur origine ancienne.

Mais le sujet a pour moi tant de prix et d'évidence que je me laisse ici entraîner par mille chemins de traverse : il nous faut revenir aux mots, aux mots français, car la connaissance qu'en auront les jeunes, après un certain contact avec les langues anciennes, ne sera pas seulement plus claire et mieux définie : elle sera aussi plus nuancée et affinée. Parfois, ces mots français, rapprochés de leur radical premier, retrouveront une force nouvelle. Il m'est arrivé de citer le propos d'un professeur disant combien, dans tel poème, le mot

« humilié » prenait de poids, quand les élèves y reconnaissaient *humus*, « la terre ». Et tous les mots qui avaient, au XVIIe siècle, un relief qu'ils ont perdu, le retrouvent plus aisément au contact de ce radical latin ou grec : « étonner » fera penser au tonnerre, et « formidable » suggérera la terreur. Mieux : certains mots ont beaucoup changé de sens, depuis les Grecs et les Latins ; et l'évolution prête alors à réfléchir. N'est-il pas important de mesurer que le mot « école » signifiait en grec « le loisir » ? et cela ne nous rappelle-t-il pas le caractère essentiel de la formation générale ? N'est-il pas important de savoir que le mot « histoire » signifiait en grec « l'enquête », quelle qu'elle soit ? et cela ne nous rappelle-t-il pas le caractère primordial de la connaissance du passé ? N'est-il pas important de savoir que l'amour, dont le nom est latin, correspondait en grec à plusieurs termes, dont deux de sens bien différent : l'*éros* (que l'on emploie parfois en français) désignait le désir amoureux, et a donné, par exemple, « érotique » ; mais *philia* désignait l'amitié, l'affinité, et a donné en français des composés innombrables, depuis la « philosophie » et la « philologie » (deux mots qui existaient en grec) jusqu'au coton « hydrophile » ou aux « philatélistes »... La marge entre ces deux amours est, on le voit, considérable ! Et mieux vaut ne pas les confondre, malgré l'imprécision du français, soit dans une version, soit dans la vie !

Mais à tout ce que je dis là, comment ne pas ajouter un complément qui, de nos jours, n'est pas sans poids ? Prendre conscience des constructions, les établir correctement, reconnaître dans les formes et dans le vocabulaire tout un passé grec et latin, qui vit encore aujourd'hui, sont des avantages immenses pour la maîtrise du français : cela est sûr. Mais pas seulement ! Car tout cela vaut aussi bien pour la maîtrise des diverses langues vivantes. J'allais écrire « de la plupart » et je me suis reprise : c'est bien de toutes qu'il s'agit. Pour les langues les plus éloignées, et qui n'ont subi en rien l'influence du grec ou du latin (comme le chinois ou l'arabe), cela sert d'avoir acquis l'habitude de catégories grammaticales différentes des nôtres et de l'avoir acquise dans un contexte plus aisément assimilable. Parmi les langues plus proches, il est clair que l'apprentissage de l'allemand est grandement facilité par l'habitude de la déclinaison et de l'emploi des cas. Quant aux langues d'origine latine, n'en parlons pas : il est absurde de vouloir posséder l'italien ou l'espagnol, qui sont, chacun à sa façon, calqués sur le latin, sans avoir la moindre connaissance de cette langue. Mais, aussi bien, pourquoi cette restriction ? Chacun sait que l'anglais et l'allemand sont remplis de termes latins, et même grecs, et que les premières grandes œuvres de la littérature anglaise étaient, à l'origine, publiées en latin. Même à l'Est, en Pologne ou en

Russie, la culture gréco-latine a laissé sa trace : en Russie, elle y a retrouvé de très vieux apports grecs.

Autrement dit, cet apprentissage laborieux et strict de langues qui semblent n'avoir plus aucune réalité dans le monde moderne, constitue non seulement la plus utile des leçons de français, mais une ouverture à tous les contacts de la vie moderne, et plus particulièrement européenne. Nous reviendrons plus loin sur le problème pratique posé par la combinaison de ces études dans l'enseignement des lycées et collèges ; mais, dans le principe au moins, leur rapport se dégage avec évidence. Le nombre de lettres que notre association a reçues à ce sujet, émanant de professeurs d'anglais ou d'allemand, ou de gens ayant été amenés à apprendre des langues diverses, le confirme avec éclat.

Dans l'ensemble, ces divers avantages se rattachent tous à la première des grandes accolades qui justifient le rôle privilégié du latin et du grec — celle qui fait que, pour nous, ces langues combinent la double particularité d'être assez différentes pour exiger l'attention de l'élève aux données de la langue, mais assez proches de nos langues actuelles pour n'être pas trop difficiles et rendre à ces langues actuelles leur transparence et leur clarté.

Dans tout ceci, cependant, c'est l'aspect d'exercice qui se révèle, et le rôle de l'apprentissage en tant que tel. Certes, il n'est pas seul en cause, puisque déjà la connaissance des mots français s'est éclairée de la connaissance des mots latins ou grecs. Mais en gros, l'utilité est surtout indirecte et pourra paraître à certains parents un détour bien long et disproportionné avec son objet. Ces parents-là se tromperaient ! Oui, cet apprentissage joue surtout en tant qu'exercice. Oui, il vise une utilité qui n'est qu'indirecte. Mais je pensais à cela en voyant l'autre jour une amie, qui avait une fracture du bras : tout en me parlant, elle ne cessait, sur l'ordre de son médecin, de pétrir une boule de pâte à modeler : ainsi se reconstituent les muscles — par l'exercice, par l'effort en apparence inutile et pourtant salvateur. Le latin et le grec sont un peu, à ce premier niveau, la boule à pétrir, qui, dans le domaine de l'attention, dans celui du maniement des langues, de l'expression, de la pensée, développe les forces de la même façon. Vous ne dites pas au médecin : je ne veux pas la boule à pétrir, je veux tout de suite ranger mon armoire ou arracher mes mauvaises herbes : vous savez parfaitement que vous le ferez mieux après l'usage de la boule à pétrir.

Du reste, cet exercice est peut-être plus riche et plus divertissant que mon évocation des parties du langage ne pourrait le laisser croire. Elle suggère en effet une sorte de jeu abstrait, aux règles complexes, qui tiendrait un peu des mathématiques et un peu des jeux de constructions naguère donnés aux enfants. Or il est temps de dire que ce n'est là qu'un premier aspect du jeu des langues anciennes et que celles-ci comportent une autre accolade, non moins remarquable que la première. Cette accolade lie l'abstrait et le concret, l'esprit mathématique et le bon sens, éclairé par la culture. Je parle simplement, je le rappelle, de l'effort que fait l'élève quand il traduit une phrase du latin ou du grec.

Il est parfaitement vrai qu'en général le sens s'obtient par un regroupement attentif des mots dans leur fonction grammaticale. Tout contresens peut se ramener à une erreur d'attention dans ce jeu grammatical et se soldera par les observations habituelles : « Attention ! tel mot est au datif, vous ne pouvez le construire ainsi ! », « Attention ! le verbe est au pluriel ! » « Attention ! vous avez le subjonctif ! » Il est agréable et rassurant pour l'esprit que le jeu se joue selon les règles ; et cela est fort moral. Mais l'attention fléchissante de l'élève avait en fait un guide : car il pouvait juger lui-même si le résultat obtenu avait un sens ou pas. Les mathématiques ne fournissent pas cette aide : elles se déroulent dans l'abstrait d'un bout à l'autre, et c'est pourquoi certains jeunes esprits ont du mal à s'y mettre — une fois passé le temps des robinets qui débitent de l'eau et des escargots qui font l'ascension d'un puits.

Une phrase latine ou grecque doit avoir un sens. J'ai raconté ailleurs — et souvent — une histoire qui a beaucoup marqué ma jeunesse de latiniste. J'étais très fière d'avoir traduit une vraie phrase et je montrais orgueilleusement le résultat à ma mère. Celle-ci n'avait jamais fait de latin, mais me dit sans hésiter : « Tu t'es trompée. » Et, devant ma stupeur, elle me relut ce que j'avais écrit : « "Vulcain avait un fantassin boiteux." — Eh bien ? — Eh bien, cela n'a pas de sens ! Tu sais qui était Vulcain ? » Le dieu des forgerons m'était totalement inconnu et je répondis, déjà un peu inquiète : « Mais c'est sûrement un général, puisqu'il a un fantassin ! »... Honte à moi ! On me pardonnera de citer toujours ce même exemple, car ce fut pour moi une découverte, à la fois humiliante et révélatrice. Le bon sens et la culture servaient autant que la grammaire ! Vulcain était un dieu. Il n'avait donc pas de fantassin. D'ailleurs cette remarque sur un général eût été assez saugrenue. Il avait un « pied » boiteux. Le bon sens et la culture contrôlent et guident le jeu grammatical.

Que de fois, depuis ce temps lointain de mon enfance, j'ai eu à rappeler à des élèves : « Mais qu'est-ce que cela veut dire, d'après vous ? » Même des candidats à l'agrégation écrivaient ainsi sans le moindre esprit critique qu'Agamemnon sacrifia « sa fille très stupide » : pauvre Iphigénie, elle n'avait pas besoin de ce malheur de plus !.. Euripide, éclairé par les idées nouvelles, déclarait seulement qu'Agamemnon l'avait immolée « de manière très stupide ». Mais je n'ai pas besoin de chercher dans mes souvenirs, ou dans ceux de mes élèves devenus professeurs, des exemples variés, que l'on pourrait multiplier à l'infini. Je me contenterai de la vieille scie familière aux potaches, celle qui offre pour traduction à la phrase latine : *numero deus impare gaudet*, l'absurdité célèbre : « Le numéro deux se réjouit d'être impair. » Certes, cette traduction se trompe sur le sujet et croit qu'il vient en tête ; et elle ne rapproche pas *numero* de l'adjectif *impare* ; mais le résultat est, du coup, une stupidité, dont un enfant de sept ans pourrait voir qu'elle ne va pas. Le symbole est assez net : il vaut tous les exemples de la terre.

C'est ainsi que, dans l'établissement du sens, un va-et-vient constant fait passer du jeu abstrait à la vérification de bon sens. Et cela explique le rôle que peuvent avoir ces études pour développer chez les enfants ce fameux sens de l'abstrait, qui parfois leur manque : ils le trouvent ici uni au bon sens, uni à l'expérience concrète, uni aussi à l'expérience littéraire (ainsi pour Vulcain, ou pour Iphigénie).

Mais, par là, ce sont encore d'autres qualités que développe ce jeu de la boule à pétrir : l'attention, non plus aux mots, mais aux phrases et aux idées, l'attention au sens. S'ils lisaient les textes français avec une telle attention bien en éveil (au lieu de renvoyer à la « polysémie » la responsabilité de leur paresse intellectuelle), ils pourraient, là aussi, s'étonner, serrer les mots de plus près, se demander ce que le texte veut dire. Et pensez seulement, ô parents, au nombre de pièges qu'ils éviteraient plus tard dans la vie ! « J'avais cru... », « J'avais mal vu.. », « Je croyais que vous vouliez dire... »... La boule à pétrir leur évitera ces mécomptes — depuis le sujet mal compris au baccalauréat, jusqu'à la clause perfide d'un accord entre diverses entreprises.

Peut-être cette utilité est-elle le fait, plus ou moins, de toutes les traductions. Mais elle est plus grande quand il s'agit de langues difficiles, et d'autre part de traditions et de personnages qui sont entrés dans le patrimoine français.

Je n'ai parlé jusqu'ici que du rapport qu'entretenaient ces langues avec notre langue française — distance et proximité. Il serait temps d'ouvrir encore une autre accolade : car ces langues ont un rôle privilégié à jouer, non seulement par leur rapport avec la nôtre, mais parce qu'elles sont en elles-mêmes, et chacune à sa façon, d'une qualité rare.

Le grec — pour commencer par la plus ancienne des deux — est une langue tout à fait extraordinaire.

Ses phrases sont toutes simples, faciles, proches du concret. Mais la palette dont elle se sert est si variée et riche que l'on va, avec elle, de surprises en découvertes.

Le grec a, dans le domaine de la grammaire, un nombre que nous n'avons pas, le duel (pour deux objets ou deux personnes), un mode que nous n'avons pas, l'optatif (pour les souhaits, et diverses nuances d'emploi dans les subordonnées), une voix que nous n'avons pas, le « moyen » (qui n'est ni actif ni passif, mais marque que le sujet est personnellement intéressé dans l'action), des distinctions dans les temps que nous n'avons pas (selon qu'il s'agit d'une simple action passée, ou de son résultat dans le présent). Il a des façons différentes d'exprimer la répétition, selon qu'elle se place dans le passé ou bien est générale. Il a de surcroît des tout petits mots invariables, les « particules », qui suggèrent l'ironie, la réserve, ou la certitude. Ô la merveille, de jouer de toutes ces possibilités ! Elles donnent à la phrase sa vie et sa rigueur. En même temps elles révèlent aux jeunes toutes les modulations possibles que le langage peut donner à une pensée. Et, en cherchant à trouver des équivalents dans une traduction, ils découvriront les possibilités et les sujétions de leur langage à eux. Le grec est comme une chaîne de haute fidélité à côté d'un transistor braillard : il restitue tout et apprend à apprécier tout.

La même souplesse marque le vocabulaire. Pensez donc ! Une langue où l'on peut former des mots composés à sa guise, soit en unissant des racines (et les poètes ne s'en privent pas), soit en procédant, avant le radical, à des petites additions (les préverbes) qui ajoutent des nuances de toutes sortes (« à fond », « ensuite », « en descendant », « en montant »... voire des nuances de mépris ou de sympathie). Quel jeu délicat et précis ! Il permet de dire les idées, il permet d'inventer des images frappantes, il permet tout.

Mais pourquoi cela ? Ah ! il ne faut pas croire ici aux privilèges de la chance : les Grecs se sont forgé leur langue lucidement, délibérément. D'Homère au Ve siècle, ils l'ont organisée et mise en ordre. Quand ils ont commencé à analyser et trier les idées, ils ont formé quantité de dérivés leur permettant le classement — ainsi les mots en *-ikos*, pères de tous nos mots en -ique. Ils ont fait cet effort sciemment : ils réfléchissaient sur leur langue, la critiquaient, la polissaient. Quand ils ont commencé à écrire en prose, ils ont d'abord été gauches, tendus ; puis ils ont amplifié leurs phrases. Et ils n'ont jamais cessé d'en discuter et de chercher le bon usage. Pour eux, le *logos* était à la fois pensée et parole ; et ils y attachaient tous leurs soins.

Aussi a-t-on vu le grec s'étendre à travers le monde : il gagna bien des pays d'Asie, avec la pénétration pacifique, puis avec Alexandre ; bientôt il devint la langue de culture à Rome et dans l'empire romain. Il fut adopté par le christianisme ; l'on sait que les Évangiles nous sont essentiellement connus par le grec. Et cette langue, plus ou moins modifiée, gâtée, restaurée, adaptée, est l'une des seules dont la continuité couvre plus de trente siècles.

Le grec ancien n'est donc pas seulement la langue de nos débuts : c'est une langue modèle, qui se voulut telle, et dont le destin fut conforme à ses ambitions.

Les Romains ont été les plus empressés à se pénétrer de ces qualités. Ils ont appris des Grecs la rhétorique, et ont continué à suivre, en ce domaine, les enseignements de maîtres grecs. Mais ils ont aussi fait de leur langue latine une langue admirable. Le latin n'a pas, dans sa syntaxe, la limpide rigueur du grec. Le jeu des règles et des sens y est moins clair et l'on n'y gagne pas aussi régulièrement. En revanche, à quelle ampleur, à quel équilibre, ils sont arrivés ! La grande phrase cicéronienne, portée par un souffle puissant, dépasse de beaucoup les possibilités des orateurs attiques. Et l'on peut dire qu'elle a été l'inspiratrice de toutes les grande proses européennes. Plus modestement, je puis me souvenir de la première élève que j'eus en leçons particulières. Nous avions expliqué le début d'un discours de Cicéron ; elle devait le revoir, sans doute l'apprendre par cœur (ici encore, j'insiste !). Mais je ne m'attendais pas, à la leçon suivante, à la trouver debout sur une chaise, occupée à haranguer de toute sa voix une pièce vide ! La prose cicéronienne, coulante et tendue à la fois, l'avait entraînée et la possédait. Tous les élèves n'en font pas autant, heureusement pour l'ordre des classes ; mais je pense que plus ou moins, inconsciemment, cette force majestueuse laisse un petit souvenir surpris de ce que peut être le langage. Et la poésie de Virgile ! L'aisance liée et complexe de ces phrases !.. Pour moi, enfant, ce fut, je crois, la description de l'orage à venir, dans les *Géorgiques*, qui me laissa, la première, l'impression que des mots pouvaient rendre une impression concrète, dans son mouvement et sa vie. D'abord les nuages, en une immense armée : *saepe etiam immensum caelo venit agmen aquarum* ; et la phrase se continue, sans souffler, comme la menace même de l'orage — pour aboutir à la rupture du ciel, qui s'abat sur la terre en pluie torrentielle ; sans liaison, d'un coup : *ruit arduus aether* !

La langue latine n'a pas la transparence du grec ; mais elle a acquis, à l'usage, une liberté dans l'expression qui n'a pas souvent été égalée.

Cela n'empêche pas, d'ailleurs, qu'à côté de la

phrase cicéronienne, toute une série de textes latins ont, au contraire, joué de la brièveté, des heurts, des raccourcis. Ici encore, une accolade ! Dans cette seconde série viendraient Salluste, Sénèque, Tacite — tous ceux qui ne s'adressent pas directement au peuple, mais aux hommes avisés et capables d'effort.

La langue latine se plie à tous les genres, comme l'empire romain a peu à peu abordé et intégré tous les peuples. Et voilà que ce qui était dit à l'instant du grec est encore plus vrai du latin. Grâce à son pouvoir, Rome a fait que presque toute l'Europe a parlé latin. L'Église a eu sa capitale à Rome et a parlé latin. Les textes officiels des peuples d'alentour sont restés pendant des siècles rédigés en latin. Les clercs parlaient latin et écrivaient des traités en latin. La Renaissance eut quelque mal a redécouvrir le grec, mais le latin était là, vivant et disponible pour tous les hommes instruits.

Je n'aime pas trop insister sur l'argument historique, toujours entaché, peut-être, de quelque passéisme. Mais, en l'occurrence, cet argument historique se joint à un argument de qualité qui ne doit rien au temps ; en outre, en faisant appel à un passé qui n'est pas seulement le nôtre, à nous Français, il rappelle que ceux qui maintiendront ce commun héritage maintiendront, par là, une solidarité en profondeur entre les divers peuples qui ont, envers ces langues, la même dette, et ont gardé pendant des siècles, dans leur enseignement, ces mêmes exercices sur les mêmes textes. L'Europe a eu entre les mains la même boule à pétrir ; elle en a gardé les mêmes souvenirs. Si elle veut s'unir, elle serait folle d'en faire fi.

Je viens de citer encore une fois les exercices et la boule à pétrir : il faut y revenir, à la fois pour en mesurer l'importance et pour en définir la portée.

J'ai parlé de la valeur formatrice de ces exercices à propos du latin et du grec : dans ce domaine-là, c'est une justification qui s'impose, puisque ces études visent avant tout la formation générale. Mais il est temps de le préciser : il en va de même des lettres en général, et de ces études de français par lesquelles nous avons commencé. On pense moins à le dire parce que l'utilité immédiate de la connaissance du français fait oublier le reste. Mais comment ne pas préciser que son étude contribue aussi, et peut-être avant tout, à la formation de l'esprit ?

Quelqu'un me faisait observer récemment que certaines qualités sont utiles tout au long de la vie, quel que soit le métier choisi, et quelles ques soient les circonstances extérieures. Or, par une étrange aberration, je constate que ce sont elles que l'on a récemment négligées pour se tourner vers une prétendue utilité immédiate. Ce sont l'attention, la mémoire et l'esprit critique. Comment vivre, comment raisonner, comment se défendre et progresser, si l'on n'en dispose pas ? Or qu'a-t-on fait ? On a laissé s'abaisser la faculté d'attention des enfants, sous prétexte de ne les point contraindre. On a renoncé à exercer leur mémoire, pour la même raison. Et comment développerait-on leur esprit critique, quand on limite de plus en plus, au moins dans le temps, le champ de leur expérience ? Or, les lettres sont le remède. En se penchant sur le détail des textes et des mots, en précisant leur sens, en tentant de les retenir, en les comparant entre eux, librement, n'est-ce point ces trois qualités que, dès le début, on entraîne et fortifie ? Ce que j'ai dit à propos du latin et du grec vaut donc, en plus, pour les textes français, surtout s'ils sont un peu éloignés dans le temps, s'ils exigent d'être regardés de près, s'ils suscitent la surprise, ou la discussion, c'est-à-dire la réflexion ?

Ces trois facultés — attention, mémoire et esprit critique — ne pourront plus être développées plus tard, ou ne le seront que très difficilement. Les médecins nous le disent : les facultés que l'on n'exerce pas quand il en est temps encore s'atrophient et disparaissent. Or les études littéraires en général les exercent toutes trois, ensemble. Et la vie les réclame de nous, à chaque instant.

Cela ne veut pas dire que, même dans le domaine qui nous a occupés au cours de ce chapitre, ces exercices soient le seul bénéfice qui attende vos enfants. Le latin et le grec ne se limitent pas à cet apprentissage, si utile soit-il. Et j'aimerais citer ici une phrase de François Bayrou qui s'inquiète de penser que l'étude du latin pourrait se réduire à cela : « Je préférerais », écrit-il, « que l'on n'étudiât pas le latin si ce devait être sous la forme mécaniste », c'est-à-dire « non comme une langue, mais comme un problème mathématique ou un rébus » (*La décennie des mal-appris*, p. 23-24).

Je comprends certes bien à quel excès s'en prend cette phrase. Et je fais mien le refus qu'elle exprime. Pourtant j'ai tenu à montrer (réservant le reste pour un chapitre séparé) en quoi cet exercice de la boule à pétrir, ou ce rébus, si l'on préfère, est déjà, en soi, un entraînement merveilleux. Il ne faut pas s'en tenir là, bien entendu ; mais s'il fallait s'imposer ce choix monstrueux, je préférerais encore que l'on fît du latin, même sous cette forme tronquée et blâmable.

Et puis je crois qu'il est presque impossible de s'en tenir là. Même en essayant de m'occuper seulement du rébus, j'ai été bien obligée de voir pointer, ici ou là, le sens, le bon sens, la culture, la beauté. Tantôt c'était pour éviter un contresens (sur Vulcain ou Iphigénie) ; tantôt c'était parce qu'une langue est inséparable d'un style (celle de Cicéron, ou de Virgile) et ce style lui-même inséparable de ce qu'il exprime (par exemple, l'orage). Or il est bien évident qu'à chaque instant, chaque phrase traduite offre un sens et une leçon, qui représentent l'essentiel.

L'apprentissage du latin et du grec sert à chaque pas pour la maîtrise du français : la lecture du latin et du grec, à laquelle aboutit cet apprentissage, sert, elle, pour la formation de l'homme ; et cela devrait compter aussi aux yeux des parents à qui je m'adresse.

Ce sens des textes ne peut être retenu plus longtemps : il fuse de partout, et bientôt illumine tout.

Nous allons y venir, enfin. Mais je voudrais pourtant tirer d'abord deux petites conclusions.

La première est que l'étude de la langue, dans ces deux cas, est par elle-même formatrice. Que l'on ne me dise pas : il existe des traductions ! Je le sais : j'en ai fait moi-même : ces traductions serviront à ceux qui n'auront pas pratiqué ces langues. Mais on n'apprend pas seulement le latin et le grec pour savoir ce que disent les textes : de même, l'ascension d'un sommet est autre chose que le fait de se trouver, grâce à autrui, transporté en haut sans effort ni découvertes successives. Les textes en traduction n'apportent rien des bénéfices dont j'ai ici évoqué l'importance.

Quant à la seconde conclusion, c'est que cette utilité de l'étude du grec et du latin, avec tous les efforts et les enseignements que cet apprentissage comporte et tout l'entraînement qu'il fournit, est d'autant plus grande qu'elle se place plus tôt. Autrefois, jusqu'en 1968, on commençait le latin en sixième et le grec en quatrième. À présent, on n'aborde le latin ou le grec qu'en quatrième, et nous fondons tout notre espoir sur des « grands commençants » qui les abordent en seconde ou en première, ou à l'Université. La situation lamentable qui a été créée peu à peu donne un prix exceptionnel à ces possibilités tardives. Mais le latin était plus utile, et plus formateur, pour des élèves de sixième ; et la rapide patine que l'on acquiert en un an, tout en étant mieux que rien, ne portera pas les fruits d'un lent apprentissage, lié à celui du français et des langues vivantes. Je souhaite que les établissements qui le peuvent pratiquent ce début en sixième, qui était si raisonnable. Tous ne seront pas capables d'y avoir accès ? Bien entendu, mais qui parle de tous ? Et en tout cas je souhaite qu'une sensibilisation sérieuse soit faite avant les débuts proprement dits — par des professeurs ayant eux-mêmes l'expérience de ces langues.

Nous reviendrons plus loin sur l'organisation pratique et les options : on ne peut parler des options avant d'avoir, selon le vœu de M. Bayrou, complété cet exercice de la boule à pétrir par la découverte de ce qui en est l'aboutissement, à savoir l'horizon infini qui, peu à peu, à travers tous ces petits efforts, s'ouvre enfin à l'esprit, dans sa présence vivante.

TÉMOIGNAGES

« Je n'ai jamais regretté, au cours de ma vie professionnelle, d'avoir suivi des études de lettres (latin-grec, philosophie).

« Cette formation de base m'a donné deux atouts :

« – un apprentissage de la rigueur intellectuelle et du raisonnement ;

« – une aptitude à exprimer les idées avec clarté et précision.

« Et ce ne sont là que les aspects les plus directement "utiles" de cet enseignement. Il faudrait ajouter l'éveil de la sensibilité et l'épanouissement de la personnalité que suscite l'étude des grands textes littéraires. »

Jacques de LAROSIÈRE
Ancien Gouverneur de la Banque de France
Président de la Banque européenne pour la Reconstruction et le Développement

« Le latin et le grec offraient, dans ma jeunesse, une des voies normales de formation des futurs scientifiques. Je pense que c'était avec raison. Au contact quotidien de ces langues, j'ai appris la rigueur de l'analyse, sur des textes dont le sens ne pouvait simplement s'extraire par l'application automatique de quelques règles simples, comme c'est trop souvent le cas dans les débuts des mathématiques. Mais j'ai aussi compris des façons de raisonner et de sentir certes proches des nôtres pour le grec, mais plus complémentaires pour le latin. À ce contact, j'ai appris à mieux maîtriser mes propres raisonnements et à perfectionner mon expression. Enfin, à une époque où la notion de complexité domine bien souvent les sciences et les techniques, quelle meilleure ouverture sur cet aspect qu'une bonne culture humaniste ? »

Jacques FRIEDEL
Physicien
Président de l'Académie des Sciences

« J'ai toujours constaté que la réussite des grands chefs d'entreprise n'était due ni à leurs diplômes, ni à la durée de leurs études, mais essentiellement à leurs qualités humaines.

« Les études scientifiques sont bien souvent une nécessité mais elles ne contribuent guère, surtout dans les grandes écoles, au développement de ces qualités.

« Seule une formation humaniste peut y contribuer. C'est pourquoi, il m'apparaît indispensable, pour ceux qui ambitionnent d'être des hommes complets, de suivre des études classiques. Français, latin et même grec sont donc, à mon avis, primordiaux. »

Ambroise ROUX
Président d'honneur de la
Compagnie Générale d'Électricité

« L'infarctus du myocarde ! Ces mots du vocabulaire médical sont l'un d'origine latine — il n'est d'ailleurs pas très harmonieux —, l'autre d'origine grecque. La plupart des mots français courants, et pas seulement scientifiques, sont d'origine latine ; la plupart des termes médicaux sont d'origine grecque. L'étude de ce deux langues est donc indispensable non seulement à la culture, mais à l'usage quotidien. »

Étienne WOLFF
Professeur d'embryologie
Administrateur honoraire du Collège de France
Membre de l'Académie française
et de l'Académie des Sciences

« Le mot d' " humanités " nous ouvre le champ, si large, de notre passé, de notre mémoire. Scientifiques et littéraires créent une même culture, sur le même terrain, ou terreau, celui de la culture des siècles d'autrefois. Dans notre pays, l'outil majeur, donc, de cette création, c'est notre langue française. Et il semble bien difficile d'insérer les mots du français, sa structure, dans le langage scientifique, sans une connaissance réelle de leur origine, le plus souvent grecque ou latine. C'est la condition nécessaire de l'expression claire des nouvelles idées. »

Jean-Claude PECKER
Astronome
Professeur honoraire
au Collège de France
Membre de l'Académie des Sciences

« Au-delà de ses apports littéraires et historiques, l'étude des langues anciennes a-t-elle sa place dans le cursus d'un futur scientifique ?

« J'en ai la conviction. Pénétrer dans l'intimité d'une langue ancienne requiert un effort de rigueur intellectuelle très voisin de celui que l'on cultive en sciences. La recherche du " sens ", dans le texte apparemment obscur qu'on lui propose, nécessite, chez l'enfant, ce même mélange intime de raisonnement strict — cher aux mathématiciens — et d'intuition imaginative — chère aux physiciens — sur quoi s'appuie l'enseignement des sciences.

« Étudier une langue ancienne, m'apparaît de ce point de vue comme un enrichissement et une ouverture de l'esprit particulièrement bénéfiques pour les collégiens ou les lycéens qui se destinent à des études scientifiques. »

Yves QUÉRÉ
Professeur de physique
à l'École Polytechnique
Membre de l'Académie des Sciences

III

PRÉSENCES

J'ai déjà parlé de la richesse intérieure et de la force morale qu'apporte peu à peu aux jeunes un contact avec les œuvres littéraires françaises. On pensera que cela pourrait suffire et que les littératures de l'Antiquité n'ont rien de plus à apporter, que ce sont des littératures comme les autres, simplement un peu plus difficiles d'accès. Il faut faire justice de cette erreur, qui repose sur une méconnaissance profonde de ce dont, en fait, il s'agit.

Mais, avant de réfuter cette erreur, une autre objection doit être signalée, et examinée. Autrefois les enfants faisaient, en classe, six ans de latin et quatre ans de grec : cela les menait, sans difficulté, jusqu'au contact avec les textes — textes simples au début, puis plus difficiles, en tout cas variés, et nombreux. Aujourd'hui, en revanche, les élèves auront fait, au mieux, quatre ans d'une langue et deux de l'autre, plus souvent deux de l'une et tout juste un an de l'autre. Est-ce assez pour mener jusqu'à la lecture des textes ? Est-ce assez pour entrer en contact avec Homère et Sophocle, avec Lucrèce ou Tacite ? Quand on ânonne tout juste la langue, on vous propose plutôt de petites phrases, plus ou moins retouchées, ou de gentils passages des prosateurs les plus innocents : les débuts tardifs dans l'étude de la langue rendent fictif le contact avec la littérature.

À cela s'ajoute que certains enseignants, arrêtés par la faiblesse de leurs classes pour tout ce qui est grammatical, font porter tout leur effort sur la langue, sans mener leurs élèves jusqu'à la contemplation du sens. Laissons cela : ils ont tort, c'est évident. Mais ce n'est pas l'affaire des parents. Ceux-ci peuvent être sûrs que la lutte est menée en ce sens par d'autres, qui ont qualité pour le faire : la citation de M. Bayrou, faite au chapitre précédent, doit, sur ce point, les rassurer.

Reste la durée trop courte des études. Bon ! je suis la première à la regretter ! Mais je voudrais dire aux parents qu'ils ne se doutent pas à quel point quelques lignes d'une de ces littératures, une idée jetée en quelques mots, une image saisie au passage peuvent revêtir, sans que l'on s'en doute, une valeur profonde pour la vie.

La déclaration risque de paraître bizarre, partiale : elle est pourtant le fruit d'une expérience directe et prolongée, qui me permet de la faire en toute conscience.

Je voudrais chercher à en fournir l'explication : j'en vois plusieurs.

D'abord, ce qui était vrai de la langue l'est aussi du contact littéraire : la lecture lente donne du prix à tout. Un sens difficilement conquis s'impose mieux à l'attention. Une compréhension retardée prend des allures de révélation. Je ne connais rien de plus beau que le spectacle de jeunes visages qui exprimaient l'incompréhension et la passivité et se réveillent tout à coup, surpris et charmés, parce qu'ils comprennent, et qu'ils voient le sens. Ce sens, alors, les pénètre tout droit, évident, accessible, presque miraculeux. On peut le discuter, ce sens ; mais il rayonne et soudain, chaque détail prenant sa place, les finesses de l'expression ou l'originalité de l'idée apparaissent elles aussi, comme quelque chose d'inanimé qui prendrait vie d'un seul coup. C'est pourquoi ces quelques mots laisseront plus de trace que de longues pages parcourues d'un regard à moitié attentif.

Mais enfin, ce n'est pas tout. Lisez un article de journal aussi lentement que vous voudrez, il n'en restera pas grand-chose, sinon quelque ennui. Il est donc temps de le dire : les littératures de l'Antiquité diffèrent aussi des autres par une certaine qualité qui leur est propre et qui s'explique.

Ces littératures marquent, en grec ou en latin, un début. Elles émanent d'époques où écrire n'était pas courant et où l'on n'écrivait que des choses importantes, auxquelles on donnait tous ses soins. Homère est le premier auteur de nos littératures occidentales ; c'est aussi le premier auteur qui ait été fixé par l'écriture, depuis peu réinventée. Homère l'a-t-il connue, et employée ? On en discute, car les dates sont voisines. Mais, de toute façon, que ce soit par lui ou par ses disciples, ses deux épopées ont été écrites et ont ouvert ainsi le domaine de la « littérature ». Or on sait que, pendant plusieurs siècles, ces poèmes avaient été préparés par des récitations partielles, modifiés, améliorés — rodés, si l'on peut dire. Déjà, par conséquent, en ce VIIIe siècle avant J.-C. d'où est partie notre culture, la nouveauté de l'écrit s'alliait avec un souci de perfection qui s'était traduit dans l'histoire elle-même.

Et cela devait durer. Pensez donc ! Lorsque l'on écrit sur des tablettes encombrantes, ou même sur des feuilles fragiles faites de papyrus, voire sur des peaux d'animaux, va-t-on écrire à la va-vite, n'importe quoi ? Pour que ce soit lu ensuite tout haut en public ou en privé ? Pour que ce soit — les livres étant rares — appris par cœur ? Les circonstances mêmes impliquaient le soin et le respect. Et la littérature était l'objet de l'un et de l'autre. Sait-on seulement qu'en Sicile, au Ve siècle, les prisonniers athéniens qui étaient capables de chanter des chœurs d'Euripide étaient, de ce fait, libérés ?

N'oublions pas d'ailleurs que ce siècle voyait les premières œuvres d'histoire, les premières tragédies, les premières comédies, les premiers traités de rhétorique, les premiers discours publiés. On imagine, à chaque fois, l'événement ! Pour cela aussi, on écrivait avec soin, en s'efforçant de dire des choses neuves et importantes, dignes d'être lues et retenues.

Et puis, je l'ai indiqué à propos de la langue, mais on a un peu trop tendance à l'oublier : ce que nous possédons de ces littératures est encore un choix parmi les œuvres alors créées. Ce sont celles qui furent jugées importantes, ou émouvantes, instructives, mémorables. Les Grecs et après eux les Romains ne cessèrent de choisir, car, à la main, dans les conditions matérielles que j'ai dites, on n'allait pas tout recopier, indéfiniment ! Le hasard, certes, joua un rôle (par exemple pour les textes retrouvés en Égypte, mais, après tout, il fallait d'abord que les œuvres y eussent pénétré) ; de même aussi le goût varia. Quand nous avons sept tragédies d'un auteur qui en a écrit plus de cent, nous savons que ce fut un choix fait à l'époque d'Hadrien : il n'est pas sûr qu'il coïncide avec nos goûts d'aujourd'hui. Mais, de toute façon, cette littérature, écrite avec un soin exceptionnel, a encore été revue et triée par plusieurs siècles de mise à l'épreuve. J'ai dit plus haut que cela était une garantie pour la qualité de l'expression ; cela l'est également pour la qualité intellectuelle, affective, morale, de ce que les auteurs avaient à dire.

Et précisément ! N'est-ce pas là l'essentiel ? Et ne comprend-on pas, là aussi, combien le fait de constituer un début donne à ces littératures une force exceptionnelle ? Cela est vrai à tous égards.

D'abord, ces littératures ont gardé un contact étroit avec la pensée des époques antérieures, c'est-à-dire avec les mythes.

Chez Homère et chez Hésiode, et encore dans la tragédie grecque, et encore chez Virgile, et encore chez Ovide, ils sont là, avec des variantes, des réinterprétations, mais toujours avec cette force secrète qu'ils puisent dans un fond de conscience lointain. Le contact avec les mythes est une rencontre avec les légendes qui sont un peu comme les archétypes de la civilisation occidentale. Les figures des héros se dressent, dans une haute simplicité, et leurs aventures offrent l'image de tous les principaux drames humains.

C'est dire ce que peut représenter un contact, même bref, avec ces figures, divines, héroïques, ou simplement humaines : avec Apollon et Héraclès, avec Œdipe ou Iphigénie — les unes terribles comme Médée ou Clytemnestre, les autres amies, comme Ulysse.

Mais ce contact est en même temps une sorte de clef, qui ouvre sur un domaine infini. J'ai cité des héros et des héroïnes de la Grèce ; mais on les retrouve à Rome — chez Virgile ou chez Sénèque. Et, à travers Rome, ils sont devenus dans la littérature du monde entier comme autant de signes, de symboles, figurant l'aventure humaine — comme l'écrit Marguerite Yourcenar, un langage. Alors, votre enfant : que comprendra-t-il, dans les musées, quand, jusqu'à l'impressionnisme, presque toutes les œuvres illustrent, soit des scènes de l'histoire sainte (qu'il ignore), soit des scènes de la mythologie antique ? Et que comprendra-t-il aux opéras du XVIIe, du XVIIIe, du XIXe siècle, qui reprennent indéfiniment ces mêmes mythes, d'Orphée, d'Iphigénie, de la Thébaïde, ou de la guerre de Troie ? Et en littérature, que comprendra-t-il des tragédies françaises, allemandes, italiennes, qui ont toutes adopté ce langage ? Que comprendra-t-il au théâtre de Giraudoux, de Sartre ? Oui ! Il comprendra quelque chose ; il saura des mythes, s'il est zélé, ce que lui en dira le petit Larousse ; mais ce sera savoir en surface, qui ne lui donnera pas l'intelligence réelle des textes. Encore heureux s'il va vérifier, car, ne l'oubliez pas : s'il n'apprend pas dans un cours de langues anciennes ces sources vivantes de la culture occidentale, il n'apprendra nulle part à les connaître ; en effet, on supprime les cours de langues anciennes sans établir, en compensation, le moindre enseignement sur les cultures du passé, sur la mythologie et l'histoire littéraire !

Et puis, de toute façon, connaître ces mythes est

une chose, mais les avoir rencontrés, dans leur forme et leur force premières — oh ! juste un instant, en quelques mots... —, en est une bien différente. Avec les héros, passera un instant de pitié ou d'admiration, un souffle de respect ou de terreur. Et cela tracera un sillon, restera. Ou bien, avec le drame qui brise le héros passera en lui un sentiment, même fugitif, des drames de l'orgueil et du destin, de la liberté, des devoirs contrastés. Et cela aussi sera une première semence pour l'aider plus tard à affronter la vie.

Il trouvera tout cela vivant, dans les textes. Et il l'y trouvera avec ce qui séduit les jeunes, encore frais émoulus de l'âge des contes : l'étrangeté, l'irrationnel, les dieux et les demi-dieux, les métamorphoses et les apothéoses. Ulysse est un symbole de l'homme et de ses aventures ; mais c'est aussi la plus étonnante excursion au pays des êtres fabuleux, qui font rêver.

Mais le miracle des littératures de l'Antiquité est précisément d'avoir tout à la fois connu encore ce stade du mythe et de la pensée archaïque, et connu déjà la naissance du rationalisme et de toutes les idées, de toutes les notions théoriques sur lesquelles s'est construite notre pensée occidentale.

Encore et déjà : tout tient dans cette rencontre,

qui se fit en une brusque éclosion dans l'Athènes du Ve siècle et que les Romains reprirent à leur compte. Pour vos enfants, parents, peut-on rêver apprentissage plus formateur ? Aucune autre littérature au monde ne leur offrira cette alliance.

On parle de nos jours, et chaque jour, de démocratie, ou de république : un mot grec et un mot latin. Ils ont servi pendant des siècles. Ils ont été mis à toutes les sauces, de façon plus ou moins honnête. Ils ont reçu les surcharges diverses des expériences historiques, des doctrines philosophiques et, tout simplement, des propagandes. En grec ou en latin, vos enfants les retrouvent tout propres et neufs. Le premier a été inventé à l'intérieur d'un joli système de classement : démocratie s'oppose à oligarchie et à monarchie selon qu'un seul homme commande, ou quelques-uns, ou tous. Et les Grecs ont aussitôt discuté, abstraitement et résolument, sur les avantages et les inconvénients de chaque système. Tous s'y sont mis et, l'expérience aidant, ils ont ainsi dégagé les conditions pour une bonne démocratie. Peut-être est-ce pour cela, pour cette sûreté d'analyse inspirée par le goût de la liberté, que certains régimes proscrivent ces textes de leur enseignement. Mais peut-être est-ce pour cela que vous devriez, parents, veiller à leur maintien.

Parmi ces conditions, les Grecs ont retenu, entre autres, le respect de la loi et le sens de la concorde.

Ils ont analysé la loi, se sont étonnés de voir qu'elle différait selon les peuples, mais ont compris et dit, en de petits textes simples et forts (parce qu'il s'agissait alors de découvertes), que la vie commune et l'ordre démocratique reposaient entièrement sur elle. Découvertes, découvertes ! Nous en vivons encore. Et puis ils ont observé que la loi était écrite, pour tous les citoyens, mais qu'il y avait, par-delà, certaines règles d'un autre ordre, qui n'avaient été fixées par personne et valaient pour tous les hommes. Ils les ont appelées les « lois non écrites » — origine, bien entendu, du droit des gens. Et ils ont dit, en de courtes phrases de prose ou de poésie, le prix de ces lois non écrites, dont ils étaient fiers, en tant que Grecs, de ressentir le caractère impératif (même s'ils les violaient parfois, tout comme nous). Découvertes, découvertes ! Et ne croyez-vous pas, parents, que vos enfants aborderaient avec moins de désarroi les querelles sans fin où nous nous enlisons à propos des droits des gens, s'ils avaient, fût-ce un jour, perçu ce jaillissement, cette foi toute neuve, qui fait apparaître dans son éclat propre le noyau initial.

J'aurais voulu parler de la concorde : on sait à quel moment et à la suite de quelles expériences les Grecs ont lancé un nom pour elle et brandi cette notion, plus brillante et combien plus exigeante que notre « cohabitation ». J'aurais voulu parler de la liberté, de la philosophie, de la justice. Découvertes, découvertes ! Mais on me dira que je fais trop peu de place à Rome. Peut-être ! De fait, la concorde a été reprise par les Latins, avec plus de détails et de précisions. De même, leur régime étant plus complexe, ils ont lancé, eux, ce mot de république, qui suppose une cité en ordre, où la part de chaque groupe se mêle avec les autres. Et, pour tenir le tout ensemble, ils ont inventé, à côté de la liberté grecque, le respect de la parole romaine, la *fides*. Ils ont inventé aussi, à côté de l'abstraite loi des Grecs, la notion même de droit — le droit des juristes. Découvertes, ici encore ! Découvertes dont nous vivons encore, et que vos enfants reconnaîtront mieux dans le monde moderne si un jour, au détour d'une phrase, sans en faire une histoire, ils les ont vues naître.

Parce qu'il faut bien le savoir : à leur naissance, les idées sont encore claires, bien dessinées, et fortes. Je ne souhaite pas que l'on revienne à la démocratie athénienne, ni non plus à ces formes simples que les idées avaient alors. Mais, de même que l'étymologie éclaire le sens d'un mot, de même la connaissance des sources de notre pensée éclaire la réflexion des hommes d'aujourd'hui et sème doucement en eux l'habitude d'aimer certaines valeurs, dont nul n'ose plus, à présent, leur parler.

Mais n'est-ce pas trop accorder aux idées ? Ce n'est point là, sans doute, ce qui frappera le plus les jeunes.

Ce pourra être une image, rendant soudain la vie à une impression qu'ils ont eue. J'ai cité l'orage de Virgile ; j'aurais pu citer le « sourire innombrable » de la mer dans Eschyle. Il y aura bien un élève, dans chaque classe, pour recevoir au passage telle de ces images en plein cœur. Elles frapperont alors d'autant plus qu'elles surgiront soudain de ce qui semblait un grimoire, venu d'un passé plus ou moins poussiéreux. Et celui qu'elles auront touché regardera ensuite mieux ce qui a été évoqué, et en tirera une joie accrue.

Or qu'est-ce à côté des personnages, des émotions ?

Pour la littérature française, j'ai cité *Bérénice.* Mais regardons un peu ce qu'est cette tragédie et d'où elle vient ! Elle vient d'abord d'une phrase latine, ramassée sur elle-même, et où le choc des mots accroît leur force à chacun : *invitus invitam dimisit* (il la renvoya « malgré lui malgré elle »). Mais comment Racine a-t-il osé composer toute une tragédie sur ces deux mots latins ? Il le dit lui-même : il a pensé pouvoir remplir une pièce de la douleur d'une séparation parce que Virgile avait consacré tout un grand épisode à la séparation de Didon et d'Énée. Et nous voilà, avec la mention de ce texte, en plein contact avec une œuvre littéraire.

la formation des jeunes, c'est un devoir d'en tenir compte. En tenir compte signifie les armer, leur fournir, en contrepartie de cette désespérance, l'appui de textes inspirés par la confiance en l'homme, et capables de les aider à affronter la crise du présent.

Tel n'est pas, de toute évidence, le but premier des études classiques ; et certains s'alarmeront peut-être de me voir introduire dans mon plaidoyer ce qui leur paraîtra une arrière-pensée morale.

Je le fais cependant sans remords ni scrupule. Il ne s'agit pas, en effet, de faire la morale, ni de recommander une attitude ou bien une autre. Mais il y aurait, je crois, quelque lâcheté, sous prétexte d'impartialité, à vouloir ignorer la crise dont je parle : elle a eu sur la jeunesse assez d'effets désastreux pour que les parents s'en inquiètent, et les enseignants avec eux. Et la vraie impartialité me semble être de leur fournir côte à côte les raisons de confiance en même temps que de révolte, de sagesse en même temps que de passion, de joie en même temps que d'amertume. Leur libre choix s'exercera alors, avec recul et sérénité, grâce à cette revue de l'expérience humaine, dans sa diversité.

D'ailleurs, que cela inquiète ou pas n'y change rien. Ce n'est pas moi qui introduis ici le critère moral, ni qui entreprends de donner aux textes une influence d'ensemble sur la vie. Ils l'ont. Nul n'y peut rien. Tel est en effet le privilège de la littérature, comme de tout ce qui nous parle, à longueur de journée. Toujours, ce que nous rencontrons sur notre chemin nous modifie. Les gens dont nous faisons connaissance, eux aussi, nous attirent ou nous agacent, nous influencent ou provoquent notre réaction. La rencontre avec les textes diffère seulement de la rencontre avec ceux que le hasard place devant nous par un seul point : elle est rencontre avec des êtres exceptionnels, qui ont su, plus que les autres, s'exprimer, émouvoir, stimuler. Les voilà tous, au détour de la page lue en classe, prêts à surgir, prêts à parler, parents, à vos enfants, prêts à les aider pour la vie. Ils sont présents ; ils attendent. Et vous retarderiez une telle rencontre ?

TÉMOIGNAGES

« En médecine et, en dehors de la médecine, dans de nombreuses professions scientifiques industrielles, la rigueur rationnelle du latin et du grec rend de grands services ; elle permet de poser correctement les questions et en facilite même la solution.

« Bien souvent, dans les circonstances variées de la vie, la connaissance des grands textes classiques est venue à mon secours. L'évocation de tel poème latin, de telle pensée d'un philosophe grec inspire une réflexion neuve sur la recherche scientifique. »

Le professeur Jean BERNARD
Hématologue
Membre de l'Académie française et
de l'Académie des Sciences

« Dans ma génération, les meilleurs suivaient la filière des études littéraires jusqu'à la classe de première incluse ; il en a été de même pour mes quatre enfants. La gymnastique intellectuelle ainsi pratiquée, la rigueur acquise dans le traitement des textes anciens, la culture historique et littéraire offerte par cette filière, faisaient de ces " littéraires " les meilleurs scientifiques des classes terminales et préparatoires aux grandes écoles. Le sacrifice de ces filières, auquel nous assistons aujourd'hui, ne se fait pas, à mon sens, au profit des matières scientifiques ; il traduit seulement un renoncement à une certaine richesse qui manquera à ceux qui ne l'auront pas acquise, tout à la fois dans leur vie professionnelle et dans leur bonheur professionnel. »

Raymond H. Lévy
Président d'honneur de Renault S. A.
Président de la Fondation européenne
pour le management par la qualité

« En un siècle où la technique va prendre une importance considérable, la formation d'une tête bien faite, assouplie et enrichie par l'apprentissage des grandes langues classiques, latin et grec, témoins toujours vivants des grandes civilisations qui les ont employées, apportera l'équilibre d'une culture humaniste indispensable à la juste appréciation des valeurs. »

Le professeur Charles CABROL
Spécialiste de chirurgie cardio-vasculaire

« La littérature, les grands textes, les Belles Lettres ou les Lettres tout court représentent un des reflets d'une culture et d'une époque ; ils sont la voix des Hommes de ce temps et leur lecture est toujours enrichissante. Lorsque ces textes appartiennent en outre à la propre culture du lecteur ou aux racines de cette culture, ils sont alors porteurs de la forme même de la pensée au creux de laquelle ce lecteur vit et leur fréquentation ne pourra que lui apporter meilleure réflexion, expression plus élégante et certainement mieux être. C'est malheureusement "ne pas voir plus loin que le bout de son nez" — quelle jolie façon de dire le court terme — que de considérer grec, latin et lettres françaises comme en opposition à mathématiques, sciences et techniques. »

Yves COPPENS
Préhistorien
Professeur au Collège de France
Membre de l'Institut

Lettre aux parents

« Tous les couturiers le reconnaissent : ils subissent des influences, notamment littéraires, qu'ils traduisent dans leurs créations. Or, comment exprimer son talent, sa vision d'un monde ou d'une mode sans une connaissance parfaite des origines du langage ? Comment enfiler les mots comme on brode des robes, comment tailler des phrases comme on coupe des étoffes, sans jongler avec les racines grecques ou latines qui composent chaque verbe et chaque nom ? La haute couture sait que préserver son passé revient à assurer son avenir. Elle sait que penser à hier en domptant les grands textes classiques, c'est affronter demain sans oublier le présent. C'est affronter la vie avec ce qui est le plus grand des talents : l'intelligence et le style. »

Antoine GRIDEL
Directeur de Nina Ricci
Président du Comité Montaigne

IV

LES CHOIX PRATIQUES

Les trois chapitres précédents exposent ce qui doit guider vos choix, à vous, dont les enfants sont actuellement en cinquième, quatrième, troisième ou seconde. Les motifs qu'ils ont indiqués sont valables pour toutes les classes et toutes les législations. Il me reste à vous expliquer en quoi ces choix vont consister, pour les diverses classes considérées, selon la législation en vigueur cette année — et aussi quels pièges vous devez alors éviter.

A. Le baccalauréat

J'insisterai peu sur le choix final : il se fait à l'entrée en première et détermine la série du baccalauréat prévu pour chaque élève. J'ai déjà dit, dès le début, que le moment semblait particulièrement bien choisi pour s'orienter vers la série littéraire, pour tout élève réussissant en ce domaine.

Il ne s'agit pas d'une propagande des lettres contre les sciences ou l'économie : elle serait absurde ; il s'agit de simple bon sens. Autrefois, en effet, la section littéraire était la section noble, vers laquelle tous se précipitaient, parfois sans grand discernement. Puis, par un retour du balancier, on est bientôt passé à l'excès inverse : seul le baccalauréat scientifique s'est mis à compter ; il est devenu le baccalauréat des bons élèves, avec les conséquences déraisonnables que j'ai signalées plus haut et que tout le monde déplore. C'est contre cet excès qu'il faut réagir. Je ne demande pas que l'on revienne à l'état ancien : je demande qu'au moment où des gouvernements successifs, d'orientation politique différente, ont constaté le mal et commencé à encourager le rétablissement de l'équilibre, les parents comprennent qu'un tel rétablissement sert, de façon directe, leurs intérêts.

Le problème est simple, en effet. Si vous avez, vous parents, un enfant nettement orienté vers les sciences, alors n'hésitez pas : qu'il fasse des sciences, et ce sera bien ! Il les étudiera d'ailleurs d'autant mieux que sa section ne sera pas encombrée de faux scientifiques, pour le retarder. Mais s'il s'agit d'un enfant nettement meilleur en lettres, attention ! Il gagnera beaucoup à éviter un inutile détour par les sciences.

Vous hésitez, peut-être ? Vous vous dites que les sciences comportent plus de débouchés ? J'ai déjà indiqué que les lettres en comportaient plus que l'on ne croyait et devaient, en toute vraisemblance, en comporter de plus en plus. Et supposez-vous donc que les sciences et la vie pratique ne comportent pas de difficultés, de compétition, de déboires ? Ce qu'il faut, c'est faire ce pour quoi l'on est capable de se distinguer ; et telle est la vraie condition de la réussite — en tous temps et surtout quand la vie est difficile.

En tout cas, vous pouvez tenir compte de tout : des goûts de votre enfant et de ses notes, et aussi des traditions familiales, des amitiés, du rayonnement d'un professeur, de mille choses. Cela est légitime. Mais il serait absurde, sur une question si importante, de continuer à suivre une mode, peut-être en voie de disparition, et à imiter en aveugles une majorité peut-être elle-même aveugle.

L'engouement pour une discipline neuve a déjà conduit à bien des mauvaises surprises ; et l'on fait couler un bateau quand on se précipite tous ensemble du même côté.

Cette décision-là est claire et importante.

Il est plus délicat de voir dans quelle mesure elle doit retentir sur les choix antérieurs, à faire en quatrième ou en seconde. Or je voudrais le dire avec fermeté avant d'entrer dans le détail : la décision finale n'impose nullement, dans les classes antérieures, le choix de telle option ou de telle autre. Au contraire, le principe est de permettre des essais personnels ou des combinaisons complémentaires. J'insiste d'autant plus sur ce point que les langues anciennes, dont j'ai tenté de vous dire l'intérêt, ont pour mérite principal, non pas tant une connaissance déterminée, que la formation de l'esprit, entendue au sens large. Leur étude peut donc être tout aussi souhaitable pour un futur scientifique que pour un futur littéraire. C'est bien pourquoi, au demeurant, la principale clientèle de ces enseignements s'est recrutée, toutes ces années passées, dans les classes scientifiques.

Toutes les mesures prises en faveur du latin et du grec, sous les deux derniers gouvernements, sont inspirées par cette idée : les parents doivent le savoir et en tenir compte.

Encore faut-il savoir aussi quelles sont les possibilités actuellement offertes, dans les différentes classes. C'est ce que je tenterai de rendre clair, année par année ; car il me paraîtrait désolant que ces études classiques, que l'on tente actuellement de restaurer, puissent être condamnées par un défaut d'information : il y va, à mon sens, de l'avenir de notre culture et de celui de vos enfants.

B. La quatrième et avant la quatrième

La classe de quatrième comporte, outre les enseignements communs, deux options — dont l'une peut être « latin ou grec ». Pour tous ceux qui songent à faire des lettres et qui aiment le français, choisir cette option est très recommandé ; et j'ai dit pourquoi elle me paraissait aussi très utile pour un futur scientifique. À ce niveau-là, l'enseignement du latin ou du grec développe les facultés d'attention et de réflexion, donne une meilleure connaissance du français, facilite l'acquisition des langues vivantes et initie à une culture d'où la nôtre est sortie.

J'ai déjà indiqué ces raisons et je ne les répéterai pas ici. J'ajouterai seulement une remarque, propre à la classe de quatrième — c'est que ce choix, qui ouvre vers tant de possibilités, n'implique pas nécessairement un engagement définitif.

Mon expérience de professeur de grec m'a montré que les élèves qui découvrent ces nouveautés y prennent en général intérêt. Mais enfin il y a des goûts divers, des professeurs qui plaisent plus ou moins, des orientations qui se modifient. Et le fait est que l'on a signalé, dans le système actuel, une certaine déperdition entre la quatrième et la troisième. Je mentirais en disant que je ne la regrette pas. Pourtant elle est dans l'ordre des choses. Et je tiens à la mentionner car elle ne constitue en aucune façon un argument contre le choix de cette option. Il vaut mieux avoir fait un an d'une de ces langues que pas du tout. L'élève en aura tiré au moins — indépendamment de l'exercice et de sa valeur formative — une idée générale du fonctionnement de ces langues, la possibilité de reconnaître des textes simples, un certain nombre d'étymologies, des noms d'œuvres et de héros, bref, bien des éléments précieux pour la suite. Il se sera ouvert à la possibilité de continuer s'il le souhaite et, bien qu'un cycle complet soit évidemment beaucoup plus profitable, il n'aura pas perdu son temps si tel n'est pas le cas.

Les professeurs de lettres classiques, dont je suis, regretteront seulement que, pour ce choix, il s'agisse de « latin *ou* grec ». À vrai dire, il peut être lourd et difficile de commencer ensemble les deux langues anciennes ; et si le latin, commencé plus tôt, était plus utile, il permettait aussi un meilleur jumelage. Il faut pourtant savoir que la possibilité de commencer les deux langues existe dans certains établissements et n'est pas illégale. Les parents peuvent en parler avec les professeurs de l'établissement. Mais, avant tout, et en tout cas, ils doivent profiter de ce qui existe clairement dans les textes : « latin ou grec ».

Je ne donnerai point de conseil sur le choix entre latin ou grec : cela dépend des goûts et des circonstances : cela dépend aussi des possibilités existant dans chaque établissement : je précise seulement que, dans l'état actuel, le latin est obligatoire pour les études de Lettres modernes et que le grec doit être au nombre des possibilités offertes ; s'il ne l'est pas, il convient aux parents de se grouper pour en réclamer l'existence. Ils peuvent le faire avec succès, s'ils sont assez nombreux.

Au reste, pour aborder soit le latin soit le grec, il est indispensable que les élèves sachent de quoi il s'agit ; et cela nous amène à remonter un peu avant la quatrième.

Justement afin que les élèves ne se trouvent pas confrontés à l'inconnu, les textes prévoient, dès la classe de cinquième, l'existence d'une « initiation » ou, comme l'on dit parfois, d'une « sensibilisation ».

Cette initiation est réglementaire ; et elle doit être assurée. Si elle n'existait pas, il faudrait vous en inquiéter auprès du professeur ou du principal, ou même, au cas où vous n'obtiendriez rien, nous signaler le cas.

Il existe en effet une difficulté, qui tient à ce que les enseignants de cinquième ont rarement pratiqué eux-mêmes les langues anciennes. Mais ils peuvent au moins s'informer sur la civilisation, les auteurs, la mythologie, les pays et leur histoire. Ils peuvent aussi faire appel à des collègues complaisants. Ils peuvent lire à la classe des textes traduits, ou des textes français évoquant les réalités latines ou grecques. Ils peuvent s'appuyer sur des expositions et des musées. Ils peuvent même (et vous pouvez le leur signaler) recourir au Minitel (3614 CARFI) où, moyennant une somme modique, une initiation, aisément utilisable, est mise à leur disposition.

Cette création correspond bien à l'importance que l'on attache aujourd'hui à une initiation, qui devrait même, en principe, s'esquisser dès la sixième. Si l'enfant doit étudier une langue ancienne, il aura une idée du domaine qui s'ouvre devant lui et ne sera pas dérouté en l'abordant. S'il ne doit pas faire ce choix, il aura du moins acquis une teinture et quelques repères pour remplacer ce que celui-ci lui aurait apporté : des mythes, des noms de héros, une idée de la civilisation d'où est sortie la sienne.

Vous devez donc, vous, parents, quelle que soit votre décision ultérieure, réclamer cette initiation si elle n'a pas lieu et, si elle a lieu, marquer quelque intérêt auprès de vos enfants à ce sujet, pour qu'ils en sentent mieux l'importance.

Votre rôle, jusqu'ici, est donc assez simple. Il se complique lorsque l'on arrive à la classe de seconde.

C. La classe de seconde et les options

Les choix, en classe de seconde, sont plus variés. Pour compenser ce qu'avait de draconien la réforme Jospin, le ministre suivant, Jack Lang, a accordé une seconde option, et, soucieux de préserver les études classiques, il a ouvert, sous certaines conditions, la possibilité, pour ceux qui avaient commencé au collège soit le latin soit le grec, de le continuer au lycée. L'actuel ministre, François Bayrou, a confirmé et élargi ces possibilités. Normalement, chacun a droit à deux options, et le statut particulier des langues anciennes est maintenu[1]. Des déclarations ont même ajouté que tout élève pourrait, dans la mesure des possibilités locales, préparer une troisième option : les choses en sont restées là, pour des raisons pratiques évidentes ; mais on voit ainsi l'aspiration profonde. Et, en tout cas, il reste un choix à faire — choix assez large, et dans lequel les langues anciennes occupent, on le voit, une place privilégiée.

Quatre remarques doivent être ici présentées, pour éclairer ce choix à faire.

1°) Les choix sont libres.

Cette affirmation paraît une évidence ; mais elle n'est pas vraiment reconnue ; et un malentendu sérieux existe à cet égard. Les parents, trompés par les avis de personnes mal informées, semblent avoir compris, dans bien des cas, que leurs enfants ne pourraient pas s'orienter vers des baccalauréats

1. Pour ceux qui voudraient s'appuyer sur des précisions, il s'agit de la circulaire n° 92-164 du 25 mai 1992 (BO n° 23 du 4 juin 92) qui a été reconduite.

autres que littéraires s'ils n'avaient pas choisi, en seconde, l'option SES (Sciences économiques et sociales). Cela n'est vrai que pour la terminale. Bien entendu, il ne s'agit pas ici de minimiser l'intérêt que peuvent présenter ces études ; mais leur conférer un caractère indispensable ou quasi nécessaire serait absolument injustifiable, et contraire à l'esprit des textes qui en ont fait une option. Je rappelle en effet qu'il est précisé, pour la classe de seconde, qu'« aucune option n'est imposée pour l'accès à une série ou spécialité de première déterminée »[1]. À vrai dire, cela est si net que je n'aurais pas songé à soulever cette question, si je n'avais reçu quantité de lettres me signalant ce malentendu.

Le cas est un peu différent pour les langues vivantes. On peut en choisir une seconde, et une troisième. Or il est clair que notre culture actuelle exige la maîtrise des langues vivantes. Ce n'est pas moi qui irai contre elles : comme helléniste, à l'Université, j'ai toujours précisé que l'on ne pouvait faire un travail correct si l'on ne lisait pas l'anglais et l'allemand. Mais on se souviendra aussi de ce que j'ai dit plus haut sur l'utilité des langues anciennes pour l'acquisition des langues vivantes. Quant aux langues régionales, il est clair que ce choix vise plutôt les points à gagner que les valeurs

1. Voir le BO n° 21 du 17.6.93.

de formation pour l'esprit en général. Laissons donc la combinaison intensive des langues vivantes, poursuivies au détriment du reste, à ceux qui visent avec précision une activité déterminée dans un pays déterminé. Il y a deux options à prendre en seconde (sans parler des facilités offertes aux langues classiques) : on peut donc étudier des langues sans n'étudier que cela.

J'en reviens en effet à ces possibilités en général et présenterai ici une seconde remarque.

2°) Les choix peuvent porter sur plus de deux options.

On l'a dit : cette idée avait été annoncée et n'a été confirmée que pour la classe de première. En revanche, le principe est indiscutable pour le cas du latin et du grec en classe de seconde. Je n'y reviendrais pas si une difficulté pratique n'intervenait souvent dans les établissements.

Créer un enseignement par modules et par options, puis multiplier le nombre des options suppose des moyens en argent, en heures, en locaux, en personnel. Or ces moyens n'ont pas été augmentés. Il faut en outre une grande ingéniosité aux proviseurs pour mettre sur pied de tels horaires dans de telles conditions. Il est donc bien naturel qu'ils ne souhaitent pas voir se multiplier les options et qu'ils préfèrent orienter parents et élèves vers les solutions les moins gênantes pour eux : nombre d'options limité, et avantage donné aux plus demandées — (qui sont choisies, en général, selon l'esprit qui prédominait au cours des dernières années).

Ce sentiment, de leur part, est compréhensible. Et il est certain que tous les établissements ne peuvent pas fournir toutes les options.

En revanche, les nouvelles possibilités accordées par le Ministère, en connaissance de cause et en réponse à l'appel d'une grande partie de l'opinion, ne doivent pas être méconnues ni arbitrairement supprimées.

Alors, en pratique, que faire ? C'est ici que vous, parents, vous avez un rôle à jouer.

Dès la classe de troisième, vous devez, avec l'aide du professeur de latin ou de grec, tenter de vous renseigner sur les volontaires éventuels. Je connais bien des cas où un professeur avait réuni sept ou huit élèves pour une option, et où, lors de l'inscription, l'administration a dit à chaque parent : « Impossible, vous n'êtes que trois ! »

Si vous savez que vous êtes un certain nombre de volontaires, vous avez le droit de réclamer un enseignement ; s'il vous était refusé, vous pourriez signaler le cas soit aux associations qui s'occupent des langues anciennes, soit au Ministère où un service est prévu pour régler de tels problèmes (M. J.-P. Weill, chargé d'une mission d'Inspection générale, s'occupe de ces cas). Aucun chiffre officiel n'est fixé pour l'ouverture d'une option : cela dépend en partie des moyens locaux ; mais je dirais qu'à partir de cinq volontaires, il est normal de demander, sans honte et avec insistance, l'ouverture de l'option prévue par les textes.

Ici, comme vous le voyez, vous aurez, parents, un peu plus qu'un choix à faire : il vous faudra défendre ce choix. Sachez du moins que vous aurez notre appui et — ce qui est plus important — celui du Ministère.

Ainsi pourrez-vous, en seconde, choisir de faire continuer à vos enfants le latin, ou le grec, s'ils l'ont commencé, sans préjudice du choix d'une langue ancienne en option normale.

Ici, toutefois, d'autres précisions sont nécessaires. Elles concernent ceux que l'on appelle les « grands débutants ».

3°) Les grands débutants.

Les options pour les grands débutants sont essentielles dans le domaine du latin et du grec, cela pour deux raisons.

La principale, et la plus évidente, est qu'il s'agit de deux études jumelles, qui font un tout. Si un élève est littéraire, il aura plus tard, au cas où il poursuivrait dans ce domaine, à faire du latin et du grec. Et cela se comprend : les deux langues sont étroitement apparentées ; et elles se combinent pour expliquer notre langue française ; les deux littératures se prolongent l'une l'autre et, tout comme les œuvres latines ont inspiré les œuvres françaises, les œuvres grecques avaient inspiré les œuvres latines. On parlait naguère de faire « latin-grec », avec un beau trait d'union illustrant ce caractère complémentaire. Et beaucoup des certificats à l'Université associaient, par exemple, les idées politiques, morales ou religieuses « en Grèce et à Rome ». Il est donc important que les futurs littéraires qui ont commencé une des deux langues anciennes en quatrième puissent commencer l'autre en seconde.

Le système actuel prévoit ce cas. Déjà, grâce aux assouplissements accordés par Jack Lang, il était possible de prendre en troisième option la langue ancienne commencée au collège et de choisir l'autre dans une des deux options normales. De nombreuses déclarations ont depuis confirmé cette possibilité [1].

On voit bien la difficulté que cela présente pour certains établissements, qui devraient avoir ainsi, pour cette classe-là, du latin pour élèves l'ayant déjà étudié deux ans, du latin pour débutants, du grec pour élèves l'ayant déjà étudié deux ans, et du grec pour débutants — cela alors que la demande, pour

1. Voir circulaire du 24.5.93 (BO n° 19 du 3.6.93).

chacun de ces enseignements, est nécessairement réduite !

La difficulté est évidente. Elle est liée au système d'options, si malencontreusement adopté et si compliqué. Mais elle n'est pas insurmontable. Et les parents qui comprennent l'intérêt de leurs enfants doivent savoir que des solutions peuvent être trouvées. Elles ne sont pas l'idéal ; mais elles existent.

C'est ainsi que certains établissements groupent des cours : les débutants auront un certain nombre d'heures spéciales, qui seront bientôt complétées par des heures communes avec les autres. Cela demande de l'ingéniosité et du dévouement, aussi bien à l'administration qu'aux professeurs (et même aux élèves). Mais comment ne pas préférer, en attendant mieux, ces solutions boiteuses à l'hypocrisie ou à l'arbitraire qui consiste à déconseiller ou à interdire une discipline essentielle, simplement parce qu'elle crée une gêne ?

En tout cas, parents et professeurs doivent savoir que c'est là une de ces possibilités qui, si elles ne sont pas saisies, exploitées, et réclamées avec ardeur dès l'année prochaine, risquent de se fermer et de ruiner ainsi toute une part de notre culture.

Mais je n'ai encore parlé que des grands débutants qui, très logiquement, prolongent, par ce choix fait en seconde, le choix de la discipline complémentaire, qu'ils avaient commencée en quatrième. Or une autre clientèle existe pour ces enseignements et une autre catégorie de parents doit comprendre l'intérêt qu'ils présentent.

Un élève qui n'a pas commencé une langue ancienne en quatrième, et qui veut, par exemple, faire des sciences, ou bien des langues, de l'histoire, des lettres modernes, ou poursuivre n'importe quelle carrière pratique exigeant un peu d'instruction générale et un français solide, a le plus grand intérêt à ne pas tout ignorer du passé de notre langue et de notre culture. Il a le plus grand intérêt, en deux ans, à se donner une teinture de latin ou de grec. En deux ans. Pour consolider. Pour se donner des bases. Pour s'ouvrir quelques horizons. Dans ce cas, l'option latin-débutants, ou l'option grec-débutants, leur sera précieuse. Il est donc essentiel qu'ils le sachent, et essentiel aussi que l'établissement leur assure un enseignement auquel ils ont droit [1].

En se joignant aux autres, ils ne rendront pas le problème plus difficile, tout au contraire : s'ils sont assez nombreux, le problème disparaîtra. On se trouvera ramené à la situation d'avant les options, quand ces disciplines étaient normalement fournies

1. On m'apporte en dernière minute la nouvelle qu'il existe un projet d'arrêté sur l'organisation de la classe de seconde : on se réjouit d'apprendre que l'enseignement pour grands débutants de latin et grec doit y être confirmé et serait fixé à cinq heures.

par un État conscient de l'importance de ses traditions et de ses valeurs.

À cet égard aussi, parents, la balle est en ce moment dans votre camp. Et la partie est importante pour notre avenir et celui de vos enfants.

Je sais pourtant ce qui risque de vous retenir — et je voudrais en venir là pour finir. Le problème tient en trois mots.

4°) Trop d'options, trop d'heures, trop de travail !

Vous avez raison. Ce système d'options risque d'aboutir à un programme trop lourd. On ne peut pas tout faire.

Vous avez raison. Et j'aimerais bien voir un de ces jours le système s'alléger et se simplifier. Mais, en attendant, permettez-moi une ou deux remarques timides.

D'abord, je voudrais rappeler que ces options ne valent que pour des points supplémentaires. Si votre enfant est bon élève, il peut toujours essayer. Si c'est vraiment trop pour lui, s'il réussit mal, s'il est fatigué, si cela ne l'intéresse pas, il peut toujours abandonner.

D'autre part, je voudrais vous demander si vous êtes bien certains que tout son temps est bien employé. Passer plusieurs heures devant la télévision est fatigant aussi. Et tous ces jeux électroniques, devant lesquels vous le voyez, sourcils froncés, tête baissée, bouche entrouverte..., est-ce que cela n'use pas son attention ainsi que son temps ? Et même en classe (voyez ! je ne dis rien de la vie à la maison, par égard et respect pour vous, parents !), même en classe, êtes-vous sûrs qu'il se concentre assez, et sur ce qu'il faut, qu'il ne prenne pas un retard absurde dans telle classe, qu'il n'ait pas sauté des bases irremplaçables dans telle autre ? Le temps, vous savez, est finalement plus élastique que l'on ne croit, il s'allonge ou se raccourcit selon l'emploi que l'on en fait. Vous pouvez peut-être, en ce domaine, discrètement, l'aider ? Vous le feriez, j'en suis certaine, si vous compreniez tout le prix de ce dont le temps perdu ailleurs risque de le priver à jamais.

Nous étions capables de combiner ces disciplines, naguère. On me dira que la somme des choses à connaître a augmenté, qu'il y a seulement vingt-cinq ans, un jeune n'étudiait pas l'économie, n'apprenait pas à manier l'ordinateur, ne connaissait rien des récentes découvertes de l'astrophysique ou de la biochimie. Pauvres enfants d'aujourd'hui, je serais en train de méconnaître le poids de leur tâche...

Peut-être ! D'après ce que j'entends dire par des collègues d'autres disciplines, pourtant, ce bagage divers n'alourdit pas beaucoup la classe de seconde. Et les élèves n'ont pas besoin de connaître tous les détails de ces connaissances neuves.

Et puis, là n'est pas la question. Les disciplines dont je parle : le français, la langue française, la littérature française, les œuvres des cultures latine et grecque ne sont pas matières indifférentes, à prendre si on a le temps. Elles sont, j'ai tenté de le montrer, essentielles pour la formation de l'esprit et la vie à venir. Alors, effort ou pas, il faut s'y cramponner.

Autrement, c'est comme si vous disiez : regardez la complexité de cette voiture, il n'y a vraiment plus de place pour un réservoir à essence !

J'exagère sans doute. Mais je suis si effrayée à l'idée que vous pourriez leur refuser cette chance... Car, vous savez, beaucoup de jeunes aiment l'effort et y prennent plaisir !

C'est pourquoi je compte sur votre lucidité, et sur votre résolution.

Je ne voudrais cependant pas terminer ces conseils pratiques sans ajouter un mot relatif à la situation présente et à ces divers règlements que j'ai tenté de vous exposer.

Dans notre enseignement actuel, tout change, sans cesse. Pour éviter de mettre les établissements sens dessus dessous, on procède par réformes et retouches, par déclarations et circulaires, paraissant ou non au Journal Officiel ; et nul ne se sent très sûr de ses droits et de ses devoirs. À cela s'ajoute que la formulation de tous ces textes subtilement retouchés a de quoi dérouter le profane[1]. Ce n'est la faute de personne : il y a eu dans le passé tant d'imprudences et d'improvisations que l'on ne peut ni s'abstenir d'y remédier ni non plus y remédier suffisamment. Mais le fait est que cela ne rend pas la vie facile, pour personne.

Je ne m'occupe guère que de l'enseignement depuis deux ans. J'ai été reçue à plusieurs reprises au Ministère, j'ai discuté de mesures précises, comparé des textes, consulté des collègues ; j'ai reçu et classé des documents ; j'ai reçu des lettres de professeurs et j'ai éclairci des questions qu'ils me posaient — mais, pour rédiger ces quelques pages et être certaine de ne pas vous tromper, j'ai dû vérifier encore et m'informer encore au Ministère. C'est d'ailleurs pourquoi il m'a paru urgent de préciser ces quelques points, pour vous qui êtes directement intéressés et n'avez pas de raison particulière de vous trouver clairement informés.

Mais, si j'ai tout bien vérifié, en cette fin d'octobre 1993, je ne puis rien garantir sur les textes à venir. Ce que je vous ai dit dans ce dernier

1. On parle ainsi, pour la classe de première de la série L, d'une langue ancienne « choisie en matière obligatoire », ce qui a un sens très précis, mais peut surprendre et embrouiller les esprits non prévenus.

chapitre vaut pour le choix que vous ferez dans quelques semaines, et c'est tout. Peut-être, inversement, ces choix retentiront-ils sur les règlements ultérieurs. Cette instabilité, toutefois, ne doit pas vous décourager, mais vous encourager. Je vous l'ai dit : dans notre enseignement malade et fluctuant, c'est une chance de renouveau qui s'offre ; elle est à saisir tout de suite ; la laisser en attente serait risquer de la perdre ; l'exploiter immédiatement et résolument peut ouvrir la voie vers des temps meilleurs.

J'aimerais les voir avant de disparaître ; et je crois fermement que vos enfants, plus tard, seraient heureux de les avoir vus.

CONCLUSION